JN439931

시와 수필과 그림이 있는

진 선 자

내 꿈은 파도를 넘어

내 꿈은 파도를 넘어

진 선 자 시·수필집

세종출판사

책을 내며

언제부턴가 문학의 언저리를 맴돌았습니다. 그러나 글이 나의 길이 될 수 있을 거라는 희망은 언감생심이었습니다. 그 무렵 매스컴을 통해 故 박완서 작가님을 만났습니다. 그 분의 작품집을 읽으며 나도 무엇이든 할 수 있다는 꿈을 키웠습니다. 덕분에, 늦은 공부를 시작하고 잠을 아껴가며 불혹의 사십대를 치열하게 살았습니다.

주부로서, 만학도로서 부서지고 깨어지는 일을 두려워하지 않았습니다. 그것은 가슴 속에 간직한 소중한 꿈이 있었기에 가능했습니다. 꿈을 쫓아 달려온 세월의 끝자락에서 조금은 새로워진 나를 만날 수 있었습니다. 눈은 어두워졌지만, 사람과 세상을 읽어내는 시야는 조금씩 넓고 깊고 명징해졌습니다. 그것은 제게 나이듦이 주는 축복입니다.

틈날 때마다 조금씩 써 모은 나만의 이야기지만, 펼쳐 놓기에는 많이 부족합니다. 그것을 알기에 세상에 내어놓는 일이 많이 망설여졌습니다. 비워야 다시 채워진다는 선지자들의 말씀처럼, 이제는 제 삶을 또 다른 무엇으로 채우기 위해 조금씩 덜어내는 연습을 하고자 합니다.

그동안 지도해 주신 문인선 교수님 진심으로 감사드립니다.

아낌없이 격려하고 지도해 주신 효원 수필 정약수 교수님 감사인사 드립니다.

문경희 선생님, 고맙습니다. 출간 작업을 거들어 주시느라 고생 많으셨습니다.

그리고 시와 수필 사이에 있는 그림은 오래전에 제가 만든 작품입니다. 좀처럼 바깥으로 나올 기회가 없다가 이번에 함께 햇빛 속으로 나오게 되었습니다. 장르가 조금씩 다르긴 해도 주로 조각보를 응용해서 만든 작품들이기도 합니다.

많이 늦었지만, 지도해 주신 김성미 교수님, 구자홍 교수님, 왕경애 교수님 진심으로 감사드립니다.

둘째 딸 정훈이, 컴퓨터 실력이 부족한 엄마를 돕느라 애썼다. 평생 옆자리에서 한 마음이 되어주며 오늘의 제가 있기까지 응원을 아끼지 않은 남편께도 감사를 전합니다.

아들, 며느리, 사위들, 딸들, 그리고 손주들, 사랑한다. 너희들의 다정한 눈빛이 큰 힘이 되는구나.

차례

시 • 제1부

꽃이여, 너를 반겨 왔단다
너도 나도 다 품어
봄을 더욱 즐기자

시 • 제2부

어느 때는 지하철에 나를 싣고
종점에서 종점까지
곤한 줄도 모르고 앞만 보며 내달렸네
아낌없이 나를 불태웠네

시 • 제3부

조금만 아프고
곧 나아질 것이라고
따뜻한 마음 담아서 가만히
속삭여주네

수필

큰 고함 소리에도 놀라지 않는
사자와도 같이 당당하게
그물에 걸리지 않는 바람처럼
自由롭게
흙탕물에도 물들지 않는
蓮꽃처럼 초연하게
무소의 뿔처럼 고집스럽게
오직 혼자서 걸어가라.

시•제1부

꽃이여, 너를 반겨 왔단다
너도 나도 다 품어
봄을 더욱 즐기자

그리움

둥그런 달
중천에 오르면
축축해진 그리움이
안개처럼 드리워진다

사람 소리로 북적대는 명절이면
우리 집은 적막의 바다

네 목소리
천리만리 바다를 저어
내 폰으로 배달되면
저 달 속에
너의 얼굴 환하네

어머니의 사랑

탐스런 모란이 활짝 폈네
와인향 가득한 보랏빛 언덕에서
우아한 그 자태, 봄꽃 중의 으뜸이리

색실로 한 땀 한 땀
그 기운 수틀에 담고
수묵 담채 속에서도
힘찬 기운 빛을 발하네

포르르
새들이 날아오르고
동산에는 아이들 소리

화목 속에 번창하기를
온 정성으로 담아주신
모란꽃 같은
어머니의 사랑

오일, 아크릴, 1999

양파

벗기면 벗길수록 하얘지는 속살
톡 쏘는 맛이 익을수록 들큼해
장모님 정성에 사위가 웃고
엄마 사랑에 딸이 웃네

사랑은 양파 속 같아
벗기면 벗길수록 그 사랑 더 하네
가족애가 이와 같다면
수십 번 감싸 안고 나아갈 것을

속눈썹 아려오는
추억의 양파 캐던 봄날
밭고랑에 가득한 동글동글 양파들

저것은 어느 도시에
이것은 어느 식탁에
뿔뿔이 흩어져 갈 운명
왠지 헤어짐은 서글픔이라

자랄 때의 그 밭고랑은 함께였건만
이제는 떠나려는 그리운 사람
편히 가시오
언제 또 만날는지
며칠 전 보고 온 그 얼굴이
이리도 선해 오는데…

목련

혹한을 이겨내고
수줍은 듯 다가온 너
외피 너머 보소소함이
갓 태어난 송아지의 잔털 같아

봉긋하게 터져 오르는가 싶더니
어느새 활짝 웃고 섰네

탐스런 그 모습에
웅크렸던 겨울을 털면
순백의 아름다움이
환하게 봄을 켜네

수저집_면, 파리핀염, 1993

거가대교

섬과 육지를 잇는 거대한 교각 위로
현수교가 하늘을 향해
위엄을 떨치고 있다
장엄한 저 기상, 바다보다 더 푸르다

얼마나 많은 이들이 손을 보탠 결실일까
충무, 고성, 마산을 거쳐야만
부산을 오가던 길
신기술 도입에 해저 터널까지
그들의 땀과 정성이 네 바퀴를 적신다
길이 바다를 건너 단숨에 다다른
아름다운 거제, 힘찬 부산

장목에서 가덕까지 장장 8.2km
당당하게 버티고 있는
장한 그대여
아는가
그대가 선사한 따뜻한 거리로

눈도 호사 입도 호사
마음도 호사라는 걸

봄이면 대금산에 진달래 피더니
어느새 여름 되어 학동 몽돌 축제
가라산 단풍은 어찌 그리 고운지
동지를 전후해서 맛볼 수 있는
외포리 대구탕은
얼었던 몸도
녹이는 별미지

낮에는 햇살 밝게 빛나고
밤에는 별빛 빤짝일 때
상하행선을 두루 아우르며
누구라도 편히 목적지에 가닿기를
육지와 섬이 하나로 발전하며
날로 희망차고 날로 번창하는
눈부신 축복 내려지기를

해금강

초록 짙은 바다에
제 한 몸 젖도록 담가놓고
저리도 당당하게 곧추 서는 해금강
얼마나 오랜 세월 절경을 꿈꾸었을까
파도는 또 얼마나 깨어지고
부서져 내렸을까

깎아지른 기암괴석이
하늘을 향해 솟구쳤구나
시원한 그 기상, 눈이 부신다
놀랍다
자연의 위대한 힘
남해의 자랑이며 나라의 자존심

촛대바위, 미륵바위…
크고 작은 섬들을 품고
자애롭게 바라보는 그윽한 그 모성

쉽게 속살을 내보이지 않는
십자굴의 신비는 하늘이 허락해야만
즐겨 볼 수 있는 곳
천장에서 떨어지는 한 방울의
생명수를 머금고 활짝 웃던 여행길

마주하고 있는 사자바위 사이로
둥근 낯 수줍게 내밀던
태양, 그 뜨거운 광채
일출의 장관은
가슴 벅찬 감동이 되어
밋밋하던 일상에 포말처럼 들이친다

대금산자락에서 홍포마을까지

풍광이 아름다운 해안도로
봄이면 대금산에
연분홍 꽃물 내리고
몽돌 해변에는 꿈처럼
여름이 출렁인다

유럽식 풍차는 쉼 없이
돌아가는데
봄, 그리고 가을 소풍은 언제나
바람의 언덕
친구들과 함께 보물찾기하던
그 시절 불쑥불쑥 그립다

석양에 노을이 물들어 가는
홍포마을 황홀한 정경
해지는 홍포 바다는

반짝반짝 윤슬을 카펫처럼 깔아놓고
까르르, 유년의 나를
출렁이고 또 출렁인다

바다새_오일, 아크릴, 2001

바위에 앉아

내가 이렇게 바위에 나앉은 것은
파도에 구르는 조약돌을 듣기 위함이 아닙니다
내가 이렇게 바위에 나앉은 것은
바다처럼 짙푸른 사념이 무늬져 온 까닭도 아닙니다

다만, 바다 물결이 마알간 날
나는 까시리랑 우무를 뜯는 즐거움에 돌아가곤 하는데
오늘은 네물날
개발터에 아직 물이 나지 않아
잠시 나 여기
돌팍 위에 앉을 수 있었던 것입니다

저기, 유행가 소리가 노를 젓습니다
얼마만큼 해변을 따라 돌다
이곳 해안으로 낚싯대 내렸는지
거무레한 방배 사람들은
지금 신명이 오른 모양입니다

마도로스 부기도 좋고
그 잘난 해운대 엘레지도...
선창 떠난 가락들이 허공을 출렁이는데
나는 그들의 마음 한 자락 붙들고 앉아
짭짤한 대화를 열어 봅니다

지금은 조금씩 물이 나는데...
조금씩 조금씩 물이 나는데...

모기

환한 것이 싫어
어둠을 틈타는가
술래잡기하듯 몰려와
너와 나의 온기를
무상으로 넘나든다

설핏 선잠에라도 들면
어느새 웽---
내 새끼 물릴세라
모깃불 피워 올리던
어릴 적 조모님의 따스하던 손
매캐한 여름밤이
추억 속에 있네

예전이나 지금이나
너 예뻐라 하는 이 없어도
더위 온 여름밤이면
주인공처럼 찾아와
선홍빛 맑은 샘물
따갑도록 맛보고 가네

뒷마지재

계곡에서 바람이 불면
저 멀리 해안에서도 답신처럼 불어오던
시원한 갯바람
사십 리 읍내길이 힘든 줄도 모르게
온몸을 식혀주던
뒷마지재 오름길

청명한 날에는 수평선 위 아슴아슴
대마도가 펼쳐져 있고
갈도의 끝자락이 해금강을 감싸 안아
그 비경 더한데
바다 한가운데 떠 있는
외도까지
한 폭의 그림이다

모든 것 다 걸러내고
바람과 자연과 더불어
호수처럼 그림처럼
언제 보아도 아름다운 곳

그곳이 그리워
황혼녘 구비 돌아
정상에 서면
뒷마지재는 예전이나 지금이나
영원한 숨통

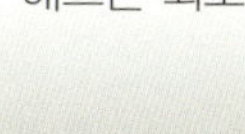
해뜨는 외도

외도의 비경

바다에 사뿐 내려앉은 너는
어느 세월의 꽃이었나
밤바다에 유성이 되어
빛으로 내리는 너는
어느 하늘의 별이었나

해맑은 하늘과 쪽빛 물결이
너의 얼굴을 쓸어내릴 때
눈이 시리던 순백의 밖섬
그때는 동백꽃 흐드러지고
살굿빛 뽈똥이 지천으로 열렸었지

초소의 서치라이트
서이말 등대의 빤짝임
아무도 예감치 못했네
그곳이 그리도 예사롭지 않은 곳임을

낚시 차 왔던 부부
땀과 열정을 심었다네

파도만 바위를 치던 외딴 곳

그 섬을 송두리째 다듬고 또 다듬어서

각각의 테마 속으로

이국의 정취 속으로

꽃에서 별에서 사뿐히 내려온 너는

진정 아름다운 외도 보타니아

이국의 정취_면, 노방, 2002

유채꽃

혹한을 온몸으로 견디고
서둘러 피어오르는 너는
어느새 만인의 배경이 되어
노오랗게 물들어 있구나

겨울이 추웠다면
쉬엄쉬엄 올 것이지
들판이며 비탈 밭에 향기까지 고운 너
바라보기만 해도 눈이 부셔
이리도 아름답구나

꽃이여, 너를 반겨 왔단다
너도 나도 다 품어
봄을 더욱 즐기자

유채꽃_실크, 견사, 2003

동백꽃

매서운 동장군 비웃듯
한파를 헤치고 꽃망울 터뜨리더니
어느새 해변 능성이를
죄 붉게 물들이고 있구나

수줍은 듯
당차게 붉은 속을 드러내던
그 웃음 만개하기도 전에
속절없이 툭
목을 꺾는 고귀함이여

뒹구는 몽돌까지
꽃의 절도에 감탄하듯
저리도 밤새도록 자글거리고 있구나

팔색조 지저귀는
봄이면 약속처럼
동백은 또 피고 질 터
아쉬움을 접어두고

영글어가는 열매에 힘을 보탠다
뜨겁게 오고가는 숲의 섭리에
나를 거듭나게 한다

시•제2부

어느 때는 지하철에 나를 싣고
종점에서 종점까지
곤한 줄도 모르고 앞만 보며 내달렸네
아낌없이 나를 불태웠네

수저집_면, 파리핀염, 1993

봄멸

몽돌 밭에 어둠이 내리면
은빛 봄멸이 파도를 탄다
미꾸라지보다 잽싸게
동글동글 몽돌 보란 듯
파닥파닥 뛰오른다

잡는 재미란 더할 나위 없어도
그물에 잡힌 봄멸은
켜켜이 천일염을 이불 삼아
숙성의 오랜 안거에 든다
자신을 온전히 태운다

청춘이
봄멸 같다면
우리는 언제쯤 숙성되는 것일까

삭히고

뱉어내어

저토록 말간 진국으로 남을 때까지

누구에게나

그 삶은 저리게도 아팠을 것이다

벚꽃

연분홍 물결이
온 산을 타고 내려
담벼락 모퉁이를
흥건히 적셔 놓았다

지난 겨울을 빈 몸으로 견뎌내고
화사하게 웃던 너, 벚꽃이여
회색의 빌딩숲 사이에도
초등학교 운동장에도
장엄하게 봄을 알리던
너는
어찌 그리도 서둘러 떠나려느냐

활짝 핀 며칠이 꿈결 같았건만
배웅할 준비 없는 우리 곁을
눈꽃 되어 휘날리고 있구나

세도나Sedona의 추억

아들을 미국 유학길에 보내놓고
애간장을 졸이는 마음
달만 봐도 빌다가
별만 봐도 눈물짓다가
만리타국 하늘을 날아
세도나, 아들의 터에 이르다

오래전 이곳은 인디언의 성지였다
경사진 계곡을 따라
여기 저기 솟아 있는
붉은 바위산
억겁의 세월과 바람의 손이 빚어놓은
기묘한 바위산들
산과 마을이
온통 황톳빛으로 물들어 있네

여기는 볼텍스 지역으로
땅의 기운이 가장 센 곳

대성당, 동방박사, 인디언의 여인상 등
말없이 서 있는 자태
신성스럽기까지 하여라.
각지의 예술가들이 모여들어
맑은 영혼을 꿈꾸는 곳

동산 갤러리에 가면
세도나의 특성을 살린
뛰어난 작품들이 나를 기다린다

세도나의 전경

예술의 향기가 곳곳에 배어 있어
메마른 가슴에 단비를 만난다
종일을 돌며 흠뻑 젖었네

어느 손이 있어
저토록 섬세하게 만들었을까
색감까지 조화로워
정성이 아니고는 완성될 수 없을
크고 작은 공예품들
잔잔한 감동에 눈이 뜨이던 세도나

며칠, 비록 짧은 시간이지만
어미를 위해 가이드가 되어 준 아들
고마워라
너로 하여 더욱 잊지 못할 세도나의 추억이여

지나간 날들은 그립게 반짝이고

1

그해 겨울은 유난히 추웠다
서대신동 언덕에 세들어 살던
다다미 이층
부부라는 인연이 만들어 준 보금자리

시골에서 도회지로 먼저 나오면
그곳이 본부가 되어
형제 한두 명과 함께 기거하던 시절
막내시누이와 조카를 덤으로 품은 채
소박한 그 여유 즐기자며 살았다

회사로 학교로
아침이면 저마다 분주했던 출타의 흔적들
집 근처 낡은 목욕탕에서
혼자라는 쓸쓸함을 씻어내고
저녁이면 서로의 온기로
따뜻해지던 다다미 이층

풍족할 것 하나 없고
욕심 또한 없어도 서로의 정성으로
이겨 내던 그 젊은 날
순수한 그 때가 진정 그립다

보자기_실크스크린, 2000

2

비릿한 자갈치 시장을 걸어서
숨차게 수십 계단을 오르면
색색의 불빛이 우리를 반겼지
정박 중인 상선들의 안온한 불빛
그 빛이 물에 잠겨 잔영으로 반짝일 때
신혼의 우리에게 항구의 밤은
환상이고 설렘이었지

둘이서 손잡고 어디론가
떠나고 싶은 마음 꾹꾹 누르고
시가지를 바라보며
저 많은 불빛 속에 우리 집 불빛 하나 없구나
아쉬워했던 그날들
지금은 서글픔마저도 그립게 반짝인다

내 꿈은 파도를 넘어

1

가슴이 허할 때
꿈의 실현을 위해 나아간다
온 가슴을 열고
수평선 저 멀리까지
일렁이는 작은 통통배로
비릿한 고기 내음
지분지분 밟히는 항만으로

꿈을 쫓아 쉼 없이 달린다
가끔은 휴식이 필요했던 것을
못다 이룬 꿈의 열망으로
나이도 던져버린 저 불혹

가슴에 상처 난 열등감이
눈꽃처럼 피어올랐다
그대로 안고 가기에는 너무 벅차
어딘가 몰입하지 않고서는
날마다 허무했네

오일, 아크릴, 2001

어느 때는 지하철에 나를 싣고
종점에서 종점까지
곤한 줄도 모르고 앞만 보며 내달렸네
아낌없이 나를 불태웠네

2

꿈이 있어 버티었고
꿈이 있어 젊은 학생들과
작업실에서 밤을 새기도 했었다

그것이 보내오던
건강의 적신호들을
그때는 몰랐었네
배우는 그것만으로 내겐
행복이었으니까

놓쳐버린 것들을 이루고자
온몸을 던졌던
겁 없던 청춘도 가고
끊임없이 나를 달구던 열정도 가네
내게서 멀어지는 것들의 등 뒤
이제는 황혼에 서서
푸르던 어제를 만감으로 되돌아본다

휴식

1

머리가 무겁다
자다가 벌떡 일어난다
식탁에 앉는다
빤짝 스쳐가는 시상들을
서둘러 메모한다
기다리면 좀체 오지 않는
그 때를 붙잡아야 한다

도수 치료를 한다
시술을 한다
기대한 것만큼 효과는 없다
건강에 문제가 왔고
상체가 기울면서
그 무게로 가슴 밑은 늘 아프다

펴기보다 내려다보고 있기가 일쑤니
부담되지 않을 리 없건만
오늘도 나는 이러고 있다
지병을 덧나게 하는 것임을
그리하여 더 힘들어질 것을
모르지 않건마는
무엇을 향해 이리도 매달리는가
애닯다

2

내 몸 먼저 살핀 후에
열망도 실어야지
주머니 속 송곳처럼
펼치고픈 이야기가 무시로 솟구쳐도
지금은 때가 아닌 것을

내 꿈 소중하지만
내 건강은 더 소중해
가만히 나를 심호흡하며
심신을 편케 할 일이다

욕망이란 펼치면 펼칠수록 끝이 없어
여기가 한계다 싶으면
이도저도
살포시 내려놓을 일이다

네가 온 것 같이

오늘 달이 참 밝네요, 엄마
추운 날 보름달만 보면
엄마 생각이 납니다
보고 싶어요
어머니 어서 나오세요

그래, 아들 고맙구나
네가 찾아온 것 같이
너를 만난 것 같이
날마다 보고 싶어도
아닌 것 같이
그리 알고 산단다, 엄마는

비상(청조)_면, 피라핀염, 1999

빌딩 사이에 뜬 달

아무도 몰래 다가와
방안 가득 고운 빛 흩뿌렸네
고개를 들고 바깥을 보니
빌딩 사이로 웃고 있는
이마 훤한 달

대교의 불빛은 수영만 물결 위로 어리고
한낮의 어수선함에 어둠의 휘장을 드리운
해안의 밤은 몽환 속에 있다

서너 시간이면
저 숲 너머
온 곳으로 되갈지라도
잠든 사이 살포시 내려앉아
우리 내외
저물어가는 육신을 살뜰히 어루만졌을
그 기운 촉촉하게 가슴을 적셔온다

이번 여름은 어찌 그리 덥기도 하던지
디스크에 이석까지
여름 끝자락을 흰 가운 속에서
보내고 오니
아! 살맛나는 선선한 바람

방안 가득 하얀 빛살
눈과 귀가 환해진다
스쳐간 자리마다 다독다독
눈처럼 내리는 위로의 말씀
힘겨웠던 그 여름이
씻은 듯이 낫는다

七夕날

하아얀 여섯 폭 모시 치마로
재를 누빈 긴 행렬에 선 어므인
깨닢을 따 감은 머리에
매끄럽게 밀리는
쌀 조맹이 하나 얹고 나섰다

무색물로 창호지 등에 켜진
촛불 아래 서면
더 초롱하게 맑아지는 정신
칠성 불공 드리는 밤은
물소리도 멎는가
心心山谷 적막한 밤
七經 읽는 소리, 소리뿐

어므인 먼저 섬을 나간 아들네
몸성을 빌고
가는 타래진 목숨 살려 주옵시라고
아까 들판을 내리다 보며 짓던
한숨소리 모아놓고

애닯게 몇 줄기
소나기라도 따룹사고
찻길이 떠나도록 물 포식에
잠겼다는 웃녘 하늘로
배틀시고 앉았노라면
구름도 없는가
섬에는 구름도 없는가

은하가 걸린 노자산
날이 샐 때까지
불 밝혀 놓은 등에
빗소리 담고 앉았을라

숙이야

언제 우리
꽃술 느린 옥수수
가지 세워 보려나

조그만 뒷도랑에
알차게도
여물은 강냉이
우리 노래 부르며
알을 셀
그날을 위하여 손을 쥘까

건강하게 그을린
팔뚝으로
이만큼 키를 키운
옥수수 가지 위의
참한 이야기

한동안
가지도 오지도 못하는
칠월의 뱃길에
노오란 꽃술 따서
띄워 보낸다

수저집_면, 파라핀염, 1993

시•제3부

조금만 아프고
곧 나아질 것이라고
따뜻한 마음 담아서 가만히 속삭여주네

제2회 부산동아시아 경기대회 일러스트, 1997

수영만

수영만의 화폭에 안개가 덧칠된다
고층의 허리춤을 잡고
해무가 애교를 부린다
지면은 아득히 저 아래
구름 위를 연방 날아오르는 기분이네

강호의 젊은 신선들
돛배 원을 그린다
천에 물감 배듯
색색이 고운 무늬로
점점이 떠다니는 저 여유

물보라 야단스런 젊은 날의 청춘
마음껏 물살 가르며
한껏 야망도 실었네
멋진 그 정경에
해안의 봄은 익어간다

광안대교

광안대교의 밤풍경은
언제나 설렘이다

빤짝이는 보석도 거기 있고
웃음꽃 가정도 거기 있네

퇴근길 상하행선
무사 하루를 고하는 차량행렬

부산의 심장이며
수영만의 자랑
조랑조랑 열리는 듯
가고 오는 저 헤드라이트 꽃길
물에 드리운 가로등과 함께
광안리의 밤을 속삭인다

조각보 응용_면, 노방, 2002

초대받은 초승달

초엿새 초승달이 광안대교 위에 떴네
붉디붉은 레드카펫 위의 여배우처럼
바다에서 쏘아 올린 색색의 불꽃을 발아래 둔
저리도 단아한 자태

날씨까지 좋아
불꽃은 높이 더 높이
보는 이들의 함성도 따라 높아진다
사계를 테마로
울려 퍼지는 음악
부산 갈매기도 허공으로 번진다

휑,
불꽃이 솟는다
첨단의 기기가 만들어내는 황홀한 색감
총천연색의 형상들이 터질 때마다
가슴에 전율이 인다

아, 이젠 꽃대가 터져 오른다
쏜살같이,
그리고 초승달을 품어 안는다
순간, 초승달은 꽃씨 되고
터져 오른 꽃대는
한 송이 꽃으로 활짝 만개한다

이내 꽃잎은 흩어져 내리고
달님은 수줍은 듯
놀란 토끼 되어 빈 몸으로 서 있네
아, 절묘한 찰나의 몽상과도 같은

아쉽다 말하지 말자
극적인 만남은
잠시의 순간으로도 족하고 넘칠지니

내 친구 미라

1

연락 없이 몇 달을 보내버려
나를 향한 마음 소원하기도 했으련만
오늘도 카톡으로 따뜻한 마음 실어 보냈네
큰 욕심 없이 현실에 만족하며
건강한 노년을 위해 한결같이
문화센터로

예전 그때나 지금이나 가진 마음 그대로
항상 무엇엔가 서성이기만 하는
그런 내가 답답하기도 했으련만
언제나 내 손 잡아주던, 고마운
친구 미라야

밤이 되어 잠자리에 들 때면
언제나 불 밝혀져 있는 너의 집
길 건너 24층
손만 내밀면 만날 수도 있건만

조금만, 조금만 하다가
몇 달이 훌쩍 지나가 버렸네

있는 그대로의 모습이면 친구지
그 이상 뭐가 필요하다고
기다리다 안타까워
오늘도 카톡으로 보내온 음악

조금만 아프고
곧 나아질 것이라고
따뜻한 마음 담아서 가만히 속삭여주네
흐르는 눈물 어쩔 수 없네

Work 00-5_실크스크린, 파브리아노, 2000

2

그래
그때가 언제일지 몰라도
그곳에 네가 있어 나는 행복하구나
그때 앉았던 트럼프 마린 벤치에 앉아
반짝이는 대교의 불빛 보면서
그립고 보고 싶었던 마음
나누기로 하자

친구야!
계절이 바뀌고 세월이 흘러도
언제나 그 자리에
네가 있어 내가 맑아지고
내가 있어 네가 멋져진다면
친구야, 자주 만나지 못하더라도
우리는 항상 그 자리에

다도해

여차 홍포 가다보면
옹기종기 섬을 띄운 다도해
금방 잡힐 듯
눈 아래 출렁이는 섬, 섬, 섬...

다정히 속삭이듯
귀엣말을 주고받듯
섬과 섬의 정취가
하 정겨워
전망대 아래 저쪽까지
훌쩍 뛰어 보고 싶어
석양빛이 물결 위에 드리워질 때면
환상의 무지갯빛
가슴으로 어룽진다

학동

1

한껏 날개 펼친
학을 닮았다하여 이름이 붙었다지
'학동'
아름다운 경관 닮아
사람들의 품새도 바다처럼 여유롭다

바람 잔잔한 날은
동백기름 반지르르 하게 바른
어머니의 머릿결 같은 바다
물때 맞춰 들어오는 배는
갈매기 날갯짓으로 만선을 알린다

바람 불고 파도치는 날엔
수산, 개안으로 삼삼오오 피신을 가지만
바다가 평상심을 되찾고 나면
마을은 다시 활기로 넘친다

저만치 해변 끝자락에
버티고 앉은 용바위
세월의 흐름에도 아랑곳없는
마을의 수호신이다
수 천 년, 파도의 허연 입질에도
변함없는 그 모습, 예사롭지 않아
장하구나, 용바위

오일, 혼합재료, 1998

2

겨울부터 봄까지
뜨겁도록 붉디붉은 동백은
우람한 팔뚝으로 팔색조를 품어 안는다

노자산의 정기 온 마을에 내리고
자연과 학이 어우러져
우주 속의 작은 낙원인 듯

가라봉은 노래한다
벼늘바위는 느긋해
여름밤 바닷가에서
쏟아지던 유성에 환호하며 감동하던

날마다 축제일 인 듯
너와 나의 가슴에 아직도 남아
시린 가슴에 군불을 지펴 주네

카프리 학동

1
한더위 밤잠은 잠시 선잠이네
새벽달이 너무 고와
베란다에 나오니 파르르한 달빛이
가슴으로 내려앉네

꿈꾼다 하여 다 이뤄질 수 없어도
처음 너를 만난 날은
설렘이요, 기쁨이었다
아이들 다 자란 후
시골 정취에 묻혀 살자던
아련한 전원의 꿈

온통 시야가 흐리기만 했던 젊은 날
그 어둠을 찾아 헤매었다
'틈나면 언제고 와서
갯내음 맡다보면
예전 생기 돋아날 것'이라

어머니가 연결해 주신 텃밭
언제일지도 모를 그날을 그리며
상상의 날개를 펼치곤 했었다.

2
어느새 사십 여년
몽돌해변은 관광의 명소로 지정되고
해수욕장도 개장을 했다
몰려드는 피서객들로
한적하던 시골은 장바닥처럼 죄 어수선해
내 꿈은 서서히 힘이 빠졌다

그때 마침 찾아온 남편의 퇴직
오랜 꿈도 소중하지만
노후대책은 더욱 소중했다
조율하고 또 조율해서 내건
'카프리 학동' 커다란 문패
세월의 흐름 속에서

현실이 꿈을 앞섰어도
여전히 너와 함께 할 수 있음에
감사할 뿐이다

너로 하여
크나큰 위안이 되었던 어제들을
차곡차곡 가슴으로 쟁인다

내 꿈은 카프리로부터_오일, 혼합재료, 1992

방황의 끝

답답해지면 짐을 싼다
어디론가 훌쩍 떠나고 싶을 때
가벼운 몸이 떠나기보다
무거운 짐을 움직였다

버려야 할 것과
버리지 말아야 할 것의 경계에 서는 일도
익숙해졌다
오랜 잡동사니는 정리하고
정들었던 소품들을 하나둘 챙긴다
새로운 곳에 가서 제자리를 찾아 앉히면
그들도 다시 나와 호흡을 맞춘다

음악이 잔잔히 흐른다
빛이 되어 반짝거린다

시간은 자주 내 뿌리를 간질인다
뭔가 채워지지 않는 갈망이

끊임없이 변화를 요구했다
다시,
짐을 싸는 내가 낯설지 않다
어느 해 고층에서의 빈혈이
덜컥 발목을 잡지 않았더라면
내 방황의 종지부는 어디쯤 찍혔을지

세상사 모든 일들이
내 안에 있는 것을
그 열망 다스리지 못하고
여기까지 왔구나
언제라도 볼 수 있는
드넓은 바다 한 자락 깔고 앉으면
그것으로 이미 족한 것을

산딸기

아침 산책길에 만난
산딸기 한 알 따서 잇속으로 깨물어본다
쌉싸래한 향기와
달짝한 맛이 혀끝으로 일어선다
입 안 가득 씹히는
아침이 상쾌하다

예전 숯가마 터에서
잔가시 달고 예쁜 열매 피워 물던
산딸기
빨갛고 노랗게 물든 숲이
보석밭처럼 눈부시던
유월의 그 맛이
추억처럼 아련한 오늘도
나를 온통 설레게 하는 산딸기
그 단단한 유혹

전통보자기 재현_실크스크린, 2000

팔색조, 그녀

복덕이네, 망시리 둘러매고
물질 간다
졸망졸망 자식 셋
하루도 쉴 수 없다
멍게, 전복, 소라
망시리가 차오를수록
휴우--
그녀의 숨도 길다

억순이 복덕이네 손은 약손
약방이 따로 없던 시절
배앓이로 허리가 접히면
찾는 이 복덕이네

바다신께 올리는 용왕제에도
그녀가 단연 으뜸
한복 곱게 차려입고
둥둥 북채 들고 나서면

삿된 기운 물리는
위엄까지 차려 입는다

뭍에서고
바다에서고
색색의 입성으로 변신 또 변신하던
그녀는 분명 팔색조여라

낙엽은 향기되어 오고

아주 신선한 가을을 맞는다
흘러간 가수를 기리는
〈불후의 명곡〉 시간
'바버렛츠'가 부른
'낙엽따라 가버린 사랑'은
이리도 훤히 가슴을 열어주네

시작은 동요인 듯
점차 화음을
이루면서 힘차진다
무대 위 LP판 가까이 다가앉아
듀엣가수는 추억여행을 떠난다
무한한 그리움도 함께 담아

노래, 감각, 리듬이
한편의 뮤지컬을 보는 듯
상큼하게 펼쳐내는 가수에 의해
쓸쓸하기만 하던 노래가
이렇듯 다르게도 느껴지다니

가수는 노래에 젖어 취하고
관객은 기립박수로 답하던
늦가을 밤의 정취가
잔잔한 감동이 되어
향기처럼 가슴에 젖어오네

Work 00-8_실크스크린, 파브리아노, 2000

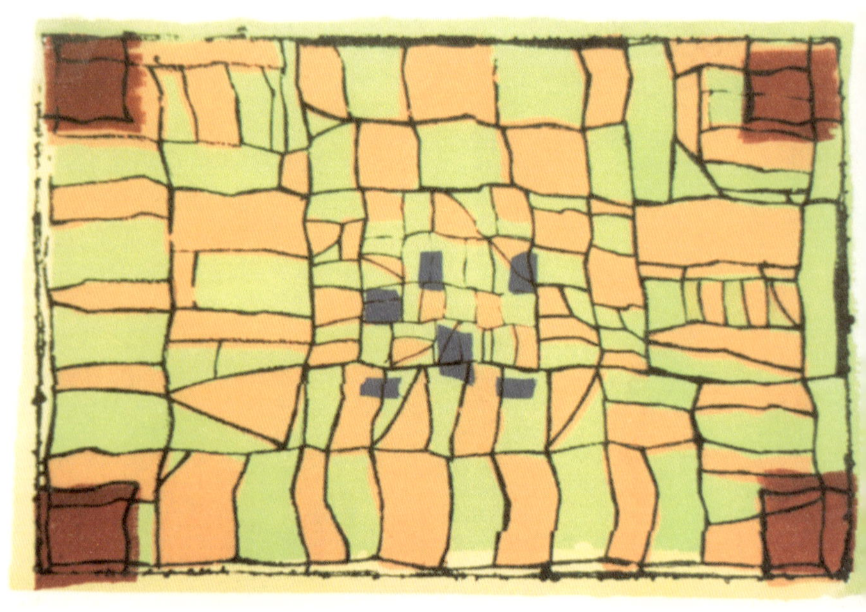

Work 00-03_실크스크린, 파브리아노, 200

세월은 바다와 같아서

세월은 바다와 같아서
많은 것을 품어 안는다
꿈을 쫓던 청춘은
온통 향기로웠어도
다가온 현실은
벅차기만 했네

삭히고 보듬어 안느라
힘겨웠던 지난 세월
세월은 바다와 같아서
모든 것을 품어 주었네

나는 가만히 그 품에 안겨
내 꿈을 되새김하였네
열정의 그 세월은 가고
어느새 휘돌아온 황혼길에 서서
소중했던 내 꿈을 하나씩 주워 담는다

얼굴 찾기의 시학, 그 회고의 시
–일생을 그린 작은 역사

문 인 선
시인·문학평론가·경성대시창작아카데미교수

1. 얼굴 찾기

파블로 네루다에게 시는 그의 얼굴이 되었다. 노벨 문학상을 받을 만큼 세계적으로 알려진 시인이라는 이름의 얼굴. 우리는 저마다 어떤 얼굴로 살아가는 것일까? 과연 얼굴이 있기나 한 것일까?

인간은 누구나 가슴속에 꿈 하나씩을 품고 산다. 그 꿈을 성취하기 위해 안간힘을 쓰고 노력하며 살아간다는 것은 어쩜 자신의 얼굴 찾기인 것인지도 모른다. 물론 사람에 따라 차이는 있을 것이다. 성취욕과 자의식이 강한 자와 그렇지 못한 자의 차이쯤 되겠다. 자신의 꿈의 실현을 쉽게 할 수 있는 환경에 있는 사람과 그렇지 못한 사람의 차이도 있겠다. 성취욕과 자의식이 강한 사람이 환경의 억압을 받는다면 그 억압의 상처가 더 클 것이고 큰 만큼 역으로 더 강렬한 욕구가 솟구칠 것이다.

파블로 네루다는 그의 시에서 '시가 얼굴 없이 홀로 있는 자신에게 문득 찾아왔다'고 했지만 진선자 시인님은 가슴 속 견딜 수 없이 꿈틀거리는 열망을 풀어내기 위해 가만히 있는 것이 아니라 적극적으로 찾아 나서고 끊임없이 노력했던 것 같다. 그런 과정에서 그 곁으로 찾아온 건 시였을까? 그랬던 것 같다. 그의 얼굴이 되어 준 건 시가 된 셈이다.

그는 불혹의 나이에도 대학을 찾았고 대학의 연구실에서 젊은 학생들과 밤을 지새우기도 했다 그의 학구열은 대단하여 자신의 건강을 해칠 정도에도 아랑곳않고 동아대 대학원에서 섬유미술디자인학과를 졸업했다. 그러나 그는 거기서 그친 것이 아니라 또 하나의 얼굴, 아니 진정한 자신의 얼굴을 찾아 나선다. 바로 시 쓰기였다. 그 지칠 줄 모르는 열정과 강인한 의지는 그를 시의 길로 성큼 들어서게 했고 급기야 시인의 반열에 올라섰다. 칠순을 넘어선 나이, 그러나 그에겐 나이가 문제가 아니었다. 경성대 시창작 아카데미에서 시작 공부를 할 때도 다른 젊은 문우들에게 존경과 찬사를 아낌없이 받았다. 진선자 시인은 남녀노소 모든 분들의 귀감이 되고 존경의 대상이 되었다. 단 한 번도 결석하는 일없이 열심이었고 젊은 문우들보다 더 깊은 사유와 순수하고 감각적이고도 생동감 넘치는 결 고운 시를 썼다. 물리적 나이는 마음 속 열정을 이기지 못했다. '청춘이란 인생의 어느 한 시기가 아니라 마음가짐이며 이상을 잃어버렸을 때 비로소 늙는 것이라던' 사무엘 울만의 시 〈청춘〉이 그를 보면 떠오르게 한다. 그럼 그의 시 〈내 꿈은 파도를 넘어〉를 보자.

가슴이 허할 때
꿈의 실현을 위해 나아간다
온 가슴을 열고
수평선 저 멀리까지
일렁이는 작은 통통배로
비릿한 고기 내음
지분지분 밟히는 항만으로

꿈을 쫓아 쉼 없이 달린다
가끔은 휴식이 필요했던 것을
못다 이룬 꿈의 열망으로
나이도 던져버린 저 불혹

가슴에 상처 난 열등감이
눈꽃처럼 피어올랐다
그대로 안고 가기에는 너무 벅차
어딘가 몰입하지 않고서는
날마다 허무했네

어느 때는 지하철에 나를 싣고
종점에서 종점까지
곤한 줄도 모르고 앞만 보며 내달렸네
아낌없이 나를 불태웠네

2

꿈이 있어 버티었고
꿈이 있어 젊은 학생들과
작업실에서 밤을 새기도 했었다

그것이 보내오던
건강의 적신호들을
그때는 몰랐었네
배우는 그것만으로 내겐
행복이었으니까

놓쳐버린 것들을 이루고자
온몸을 던졌던
겁 없던 청춘도 가고
끊임없이 나를 달구던 열정도 가네
내게서 멀어지는 것들의 등 뒤
이제는 황혼에 서서
푸르던 어제를 만감으로 되돌아본다

- 내 꿈은 파도를 넘어 일부

위 시는 무한히도 열정을 불태웠던 지난날을 회고하고 있는 시다.

위 시와 같이 때를 놓쳐버린 학문에 대한 열망이 그를 가만 두지 않았다. 가마솥처럼 들끓는 가슴속 열망을 꽃피우기 위해 그의 시속에서처럼 거제도가 고향인 그는 섬에서 뭍으로 내달리기도 했다. 종점에서 종점으로 내달리기도 했다. 지난 날 스스로를 주체 못하는 저 간절히 몸부림치는 시인의 모습이 생생하다. 그는 피곤도 잊었다. 멈출 줄 모르는 열정으로 불혹의 나이, 만학도로 다시 학업을 시작했던 것이다. 연구와 실험을 거듭해야 했던 젊은이도 쉽지 않을 그 섬유디자인 아트 공부를 해내었다.

그 열정을 다 태우고 난 뒤에야 자신을 돌아보는 그의 심정은 어땠을까.

그의 시 속에서 "놓쳐버린 것들을 이루고자 / 온몸을 던졌던" 그날들은 가고 "이제는 황혼에 서서 / 푸르던 어제를 만감으로 되돌아본다"라고 한다. 마지막 결연에서 "만감"이라고 했다. 그럴 것이다. 어찌 흐뭇한 마음뿐이랴. 그걸 어찌 독자가 다 헤아릴 수 있으랴. 지난날을 돌아보는 그 마음, 작은 파도의 결을 하나하나 들춰보며 만지는 햇살 같은 마음일까? 속속들이 촉촉이 젖는 봄비 같은 마음일까? 한 가득 화안한 달덩이를 안듯 흐뭇한 마음일까? 읽는 독자의 마음이 오히려 애잔하다.

머리가 무겁다
자다가 벌떡 일어난다

식탁에 앉는다
빤짝 스쳐가는 시상들을
서둘러 메모한다
기다리면 좀체 오지 않는
그 때를 붙잡아야 한다

도수 치료를 한다
시술을 한다
기대한 것만큼 효과는 없다
건강에 문제가 왔고
상체가 기울면서
그 무게로 가슴 밑은 늘 아프다

펴기보다 내려다보고 있기가 일쑤니
부담되지 않을 리 없건만
오늘도 나는 이러고 있다
지병을 덧나게 하는 것임을
그리하여 더 힘들어질 것을
모르지 않건마는
무엇을 향해 이리도 매달리는가
애닯다

2

내 몸 먼저 살핀 후에

열망도 실어야지

주머니 속 송곳처럼

펼치고픈 이야기가 무시로 솟구쳐도

지금은 때가 아닌 것을

–2연 생략 –

욕망이란 펼치면 펼칠수록 끝이 없어

여기가 한계다 싶으면

이도저도 살포시

내려놓을 일이다

- 휴식 일부

위 시 제목은 〈휴식〉이다. 사실 그는 만학도임에도 불구하고 학문에 젊은이들보다 더 열심이었기에 건강에 이상이 왔다한다. 당연히 휴식이 필요했다. 그럼에도 불구하고 휴식을 취하지 않고 이번엔 시를 쓰기 위해 밤잠을 버리고 시에 매달리고 있는 장면이다. 자다가 불쑥 일어나 메모를 한다. 시란 것이 쓸려고 한다고 써지는 것이 아니라 시상이 떠오를 때 쓰지 않으면 금세 달아나 버리니 그걸 붙잡기 위해 자다가도 불쑥 일어나 책상에 앉는 시인, 건강이 좋지 않은데도 휴식하지 못하는 성미, 가마솥같이 들끓는 그 열정, 그래서 그는 제목에라도 "휴식"을 붙였나보다. 건강상태가 상당히 좋지 않아서 치료를 받고 있는 중에도 그렇게 시에 매달린다. '진정한 작가의 정신은 저래야 하리' 하고 필자는 가슴이 뭉클하여 다시 한 번 우러르게도 된다. 불꽃처럼 살다간 〈혼불〉을 쓴 소설가 홍명희의 열정에 비견할 수 있을 것 같다. 저 작고 연약한 여인의 체구 어디서 저런 열정이 솟고 있을까 싶기도 하다. 예의범절이 깍듯하고 성품도 인정 많고 여리고 곱기로도 말할 수 없는 그에게서 말이다. 겸손까지 지닌 그다. 외유내강이란 말이 진선자 시인님께 딱 들어맞는 말일 것 같다.

2. 그리움, 그 간절함은 시가 되고

그리움, 사랑, 외로움 등은 인간 원초적 본능이다. 그것이 어머니와 자식의 사랑, 자식에 대한 그리움일 때 더욱 당연한 일이라 하겠다. 그의 시집 첫 장을 넘기면 맨 처음에 아들에 대한 그리움의 시가 나온다.

시인님의 아드님은 멀리 미국에 있다. 먼 이국, 물리적 거리가 있어 자주 왕래하기란 쉽지 않다는 건 누구나 아는 사실이다. 그래서 더 그리우리라. 이 작품을 시집 편집 과정에서 맨 앞장에 수록하려고 하다 망설이기도 했다한다. 아들만 너무 사랑한다고 할까봐 딸들에게 미안한 마음 때문이란다. 이렇듯 진선자 시인, 그는 작은 문제도 세심하게 배려하는 인격의 소유자다. 이 얼마나 고운 마음인가. 그의 심성을 알 수 있는 대목이다. 그럼, 그의 시 〈그리움〉을 보자.

둥그런 달
중천에 오르면
축축해진 그리움이
안개처럼 드리워진다

사람 소리로 북적대는 명절이면
우리 집은 적막의 바다

네 목소리
천리만리 바다를 저어
내 폰으로 배달되면

저 달 속에

너의 얼굴 환하네

– 그리움 일부

우리의 고유 명절은 어떤가. 가까이 혹은 멀리 떨어져 있던 온 집안 친척들까지 모여서 서로 안부를 묻고 즐기고 하는 것이 우리의 전통 명절의 풍속도다. 그러니 당연히 명절이면 이웃집들에는 자식 손자들이 모여 더 북적대고 왁자하다. 그에 비해 그러지 못한 가정은 상대적으로 더 적막함까지 느낄 수밖에 없다. 그래서 더욱 멀리 떨어져 살며 오지 못하는 자식에 대한 그리움은 더 간절하게 된다. 평소에도 그랬을 것이지만 오지 못하는 아들 며느리의 빈자리를 느끼기에 더 적막함까지 느꼈을 것이다. "둥그런 달이 중천에 오르면 / 축축해진 그리움 / 안개처럼 드리워진다"라고 한다. 그리움이 포실하거나 아련한 것이 아닌 축축한 그리움이라고 한다. 축축한 것은 촉각적이기에 시각적이나 후각적인 것보다 더 직접적이며 농도가 짙은 감각이다. 그 그리움이 안개처럼 드리워진다니... 안개가 자욱이 끼게 되면 천지 사방이 분간을 할 수 없게 된다. 이렇게 헤어날 수 없이 시인은 그리움에 사로잡힌다는 것을 드러내 보이고 있다.

그럴 때 "네 목소리 / 천리만리 바다를 저어 / 내 폰으로 배달되면 / 저 달 속에 너의 얼굴 환하다"라고 한다. 울고 싶은 사람 위로하면 울음이 터지듯, 전화로 목소리를 듣고 보니 더욱 그립다. 그 보고프고 그리운 마음 어디 기댈 데 없고 위로 받을 데도 없다. 허공에 무심히 떠 있는 달은 유독 환하다. 그 환한 보름달을 아들의 얼굴을 보듯 한없이 쳐다보는 것이다. 저 달은 아들에게도 비추리라 생각하며...

안부를 물어온 아드님의 전화를 받고 중천에 뜬 달을 쳐다보며 그리워하는 시적 화자인 시인의 모습이 홀로 외로운 그림처럼 애잔하게 느껴지는 시다. 이 시는 이 땅의 많은 자식과 멀리 떨어져 살면서 그리워하고 외로워하고 허전해 하는 홀로 사는 노년의 어머니 아버지들의 마음을 대변하는 것이 되기도 하다. 그러한 처지의 분들이 많이 읽어서 동류의식, 혹은 연대의식을 갖고 위안을 삼을 수 있었으면 좋겠다.

이리도 그리운 아들, 그 아들이 미국에서 어머니를 초청했나보다. 아래 시를 보자.

아들을 미국 유학길에 보내놓고
애간장을 졸이는 마음
달만 봐도 빌다가
별만 봐도 눈물짓다가
만리타국 하늘을 날아
세도나, 아들의 터에 이르다

--2연 3연 생략--

동산 갤러리에 가면
세도나의 특성을 살린
뛰어난 작품들이 나를 기다린다
예술의 향기가 곳곳에 배있어
메마른 가슴에 단비를 만난다
종일을 돌며 흠뻑 젖었네

어느 손이 있어
저토록 섬세하게 만들었을까
색감까지 조화로워
정성이 아니고는 완성될 수 없을
크고 작은 공예품들

잔잔한 감동에 눈이 뜨이던 세도나

며칠, 비록 짧은 시간이지만
어미를 위해 가이드가 되어 준 아들
고마워라
너로 하여 더욱 잊지 못할 세도나의 추억이여

– 세도나Sedona의 추억 일부

아드님도 이 시들을 꼭 읽었으면 좋겠다. 부모님의 마음, 어머니의 이 마음을 읽어줬으면 좋겠다는 생각이 이 필자도 간절히 든다. 코가 찡하다. 이것이 비단이 진선자 시인만의 심정만이 아니라 자식을 멀리 보낸 어머니들의 마음이겠지만 ....

요즘 시중에 흔히 떠도는 유행어가 떠오른다. '잘 키운 자식은 나라의 자식이고 더 잘 키운 자식은 남의 나라 자식이라던가'. 아무리 효심이 있다하더라도 멀리 떨어져 있으니 부모님의 마음은 늘 그리움에 애절하다. "달만 봐도 빌다가 / 별만 봐도 눈물짓다가" 하는 것이 부모님의 마음이니....

그 어머니에 그 자식이라고 효심 또한 깊은 아드님은 시인을 미국으로 모셔 갔나보다. 시인님의 전공분

야였기에 관심을 갖고 좋아 하고 보고 싶은 예술 공예품등 전시품들을 관람케 하며 자세히 가이드 역할까지 한 아드님이 자랑스럽고 고맙기까지 하다고 한다. 다행이다. 그 추억은 그의 평생 가슴에 큰 자랑으로 보람으로 남아 있을 것이다. 이 시가 남아 있는 한...

3. 지나간 날들은 그립게 반짝이고

이 시집에 수록된 시들은 어쩜 그의 살아온 생의 굽이굽이 작은 역사의 시적기록이랄 수도 있겠다.

아래 시는 젊은 날 신혼 생활을 보여주는 시라고 할 수 있다. 아래 시를 보자.

비릿한 자갈치 시장을 걸어서
숨차게 수십 계단을 오르면
색색의 불빛이 우리를 반겼지
정박 중인 상선들의 안온한 불빛
그 빛이 물에 잠겨 잔영으로 반짝일 때
신혼의 우리에게 항구의 밤은
환상적이고 설렘이었지

둘이서 손잡고 어디론가

떠나고 싶은 마음 꾹꾹 누르고
시가지를 바라보며
저 많은 불빛 속에 우리 집 불빛 하나 없구나
아쉬워했던 그날들
지금은 그립게 반짝인다

– 지나간 날들은 그립게 반짝이고 일부

사랑이 새록새록, 그야말로 깨가 쏟아질 신혼의 시절이었나보다. “자갈치 시장을 걸어서 / 숨차게 수십 계단을 오르면” 하는 걸 보면 아마도 저녁 후 이 행복한 신혼부부는 용두산 공원을 산보하곤 했나보다. “신혼”, “환상적”, “설렘”, “둘이서 손잡고” 등에서 행복함을 쉽게 확인할 수 있지만 “시가지를 바라보며 / 저 많은 불빛 속에 우리 집 불빛 하나 없구나” 하고 아쉬워 하는 대목에서 알 수 있듯 당시엔 대부분이 그러하듯 시인도 셋방살이로 신혼생활을 시작한 모양이다. 그럼에도 그들은 행복했고 그럼에도 “막내 시누이와 조카를 덤으로 품은 채” 함께 데리고 살고 있었던 모양이다. 그러나 그것이 조금도 불편하거나 힘들어 했던 기색 없이 오히려 그립다고 한다. 그립게 반짝인다고 한다. 그것이 이 시인의 진정한 품 넓고 정 많은 마음이다. 그의 시 〈양파〉 에서도 잘 드러나고 있다. 양파가 겉과 속이 변함없이 같은 것을 그는 사랑으로 비유하고 있다. 더구나 가족애가 이와 같다고 생각하고 수십 번 감싸 안고 나아갈 것이라고 한다.

사랑은 양파 속 같아
벗기면 벗길수록 그 사랑 더하네
가족애가 이와 같다면
수십 번 감싸 안고 나아갈 것을

- 양파의 일부

4. 고향예찬, 그리고 회귀본능

친구들과 뛰놀던 그립던 유년의 홍포마을에서 노년의 카프리 학동까지 인생을 열정적으로 산 시인은 노후준비도 미리 대비할 줄 아나보다.

바람의 언덕을 노래한 그의 시 〈대금산자락에서 홍포마을까지〉나 시 〈다도해〉나 시 〈외도의 비경〉 등은 섬과 바다를 극예찬하는 시들이다. 다시 말하면 그의 고향을 끼고 있는 주변의 풍광들로 고향에 대한 예찬이다.

바다에 사뿐 내려앉은 너는
어느 세월의 꽃이었나
밤바다에 유성이 되어
빛으로 내리는 너는
어느 하늘의 별이었나

- 외도의 비경 일부

시 〈외도의 비경〉의 첫 연인데 외도를 하늘에서 내려앉은 어느 세월의 꽃이었나 하늘의 별이었나 라고 찬양하다가 급기야는 결연에서 "꽃에서 별에서 사뿐이 내려온 너는 / 진정 아름다운 외도 보타니아" 라고 극찬한다. 물론 외도에는 해상 농원이 있고 지금은 "보타니아"라고 명명한다. 보타닉(식물)과 유토피아(낙원)을 합성한 보타니아, 식물의 낙원, 그 식물의 유토피아를 즐기는 것은 인간이니 곧 인간의 유토피아도 되겠다.

어디 그뿐이랴 〈다도해〉에서는 "다정히 속삭이듯 귀엣말 주고받듯 / 섬과 섬의 정취에 / 훌쩍 뛰어 내리고 싶다"고 한다. 열정이 많은 시인은 아름다운 자연에도 깊이 몰입하고 깊이 사랑한다. 이태백이 물에 비친 달에 취하여 물에 빠지듯 이렇게 자연(다도해)에

도취된 시인, 이리도 고향 거제도를 예찬하는 시인에게서야 고향이 그리운 건 당연한 일이겠다.

그의 시 〈대금산자락에서 홍포마을까지〉를 읽노라면 "연분홍 꽃물 내리는 / 몽돌 해변은 꿈처럼 / 여름이 출렁"이고 "봄 소풍, 가을 소풍 때 / 친구들과 보물찾기하던 / 바람의 언덕은 불쑥불쑥 그립"고 "홍포마을 황홀한 정경 / 해지는 홍포 바다는 / 반짝반짝 윤슬을 카펫처럼 깔아놓고 / 까르르 유년의 나를 / 출렁이고 또 출렁인다" 라고 한다. 여학교 때 소풍 때는 늘 바람의 언덕에 갔나보다. 바다와 어우러진 아름다운 정경과 그 속에서 소풍놀이를 즐기던 소녀의 모습이 곁에서 보는 듯 와락 와 닿는 생동감 넘치게 아름다운 시다. 순수한 그대로의 결이 곱다. "출렁이고 또 출렁인다"고 하는 종결어미는 지금의 시적 화자를 그때 그 시절로 끌고 가 그냥 두지 않고 자꾸 충동질하고 있다는 것이다. 이렇게 불쑥불쑥 그리운 고향이어서였을까.

회귀본능, 누구나 태어나서 자란 아름다운 고향으로 돌아가 노후를 보낼 수 있기를 희망하겠지만 그에겐 누구보다 회귀본능도 강했을 것 같다. 이렇게 불쑥불쑥 그리운 이 고향으로 돌아갈 노후 준비를 이미 한 모양이다.

〈카프리 학동〉시가 바로 그러한 사실을 형상화하고 있지만 아쉽게도 이 복잡한 세상이 어디 그 유년 시절의 그 풍경 그대로가 지금도 있겠는가. 그래서 시인은 아쉬워한다. 지자체가 되고부터 큰 도시 작은 도시 할 것 없이 관광객을 한명이라도 더 유치해 볼 요량으로 웬만한 곳이면 관광명소로 지정하기 바빴고 거제의 몽돌해수욕장도 예외는 아니었으니 "몰려드는 피서객들로 / 한적하던 시골은 장바닥처럼 죄 어수선해 / 내 꿈은 서서히 힘이 빠졌다"고 진술하고 있다. 그러면서도 '세월의 흐름 속에서 현실이 꿈을 앞섰어도 카프리 학동 커다란 문패를 달고 여전히 너와 함께 할 수 있음에 감사한다' 고 하는 시인의 마음은 넉넉하다.

진선자 시인님의 시는 얼굴 찾기의 시학, 그 회고의 시 쓰기이다. 그는 늦깎이 시인이었으나 가마솥 같이 들끓는 가슴속 꿈과 열정을 꽃피우기 위해 끊임없이 노력했다. 그것은 다름 아닌 자신의 얼굴 찾기의 시학이라 할 수 있다. 고향의 아름다운 풍광에는 그 도취됨이 이태백이 같고 시를 씀에는 불꽃처럼 산 소설가 홍명희에 비견할 수 있다. 소녀처럼 순수하고 깊은 사유와 결 고운 시를 감각적으로 생동감 넘치게 쓴 시인, 칠순의 나이에도 건강보단 시를 위해 불꽃같은 열정을 태운 시인, 그의 얼굴 이름은 시인이다. 꿈과 이상을 잃지 않는 당신은 사무엘 울만의 영원한 청춘입니다.

첫 시집 상재를 축하드리며 건강과 문운도 빌며...

수필

큰 고함 소리에도 놀라지 않는
사자와도 같이 당당하게
그물에 걸리지 않는 바람처럼
自由롭게
흙탕물에도 물들지 않는
蓮꽃처럼 초연하게
무소의 뿔처럼 고집스럽게
오직 혼자서 걸어가라.

새와 모란_조각보, 2003

대만여행

3박 4일의 일정으로 3대가 대만여행을 떠났다. 관광회사에서 모집한 여행객에 섞이는 것에만 익숙해 있었는데, 몸은 조금 고달프겠지만 자유여행도 재미있을 것 같았다. 젊은 사람들은 우선 언어가 되고 인터넷이 되므로 부담 없이 예약하고 어디든 자유롭게 움직이는 여행을 선호한다. 두 딸과 손녀 세 명 역시 출발부터 가고 싶은 곳, 먹고 싶은 음식을 직접 찾아 나서겠다는 각오가 대단했다.

숙소는 교통이 편리한 타이페이역 가까운 호텔이었다. 9층이라 전망도 좋고 아늑하였다. 도착 당일은 쉬고 다음날 제일 먼저 '국립고궁박물관' 관람으로 일정이 시작되었다. 세계 4대 박물관 중 하나이고, 장개석 총통의 국민당이 중국 공산당으로부터 분리 독립할 때 유물을 대만으로 가져와서 박물관을 지어 보관했단다. 70만 여점의 유물을 3개월에 한 번씩 교체 전시하는데, 오묘한 빛깔의 도자기를 비롯해서, 서체, 그림 등 각 층마다 작품이 엄청나게 많았다.

아이들과 같이 다니다가 쉬고 싶어서 혼자 천천히 돌아다녔다. 사람들도 많고 전시관도 넓어 그걸 다 구경한다는 건 나로서는 무리였다. 조금 쉬었다 또 들어가서 보기를 서너 번. 그 중 '취옥백채'는 옥에

새긴 배추모양인데, 정교하게 잘 만들어져 인상에 깊이 남았다. 그리고 자연석이면서 삼겹살과 흡사한 무늬를 가진 '육형석' 역시 눈길을 끌기에 충분했다.

1층 불교 전시실에는 여러 가지 자료와 크고 작은 불상들이 진열되어 있었다. 그중에서도 관음보살상 앞에 서니 풍성한 미소가 어쩜 그리도 내 마음을 편케 해주던지, 한동안 그 자리에 붙박인 듯 서 있었다. 따뜻한 기운까지 느껴져 관음보살은 치유의 보살이라는 말을 실감할 수 있었다.

중국은 역사가 깊은 만큼 진귀하고 뛰어난 작품들이 많다. 그걸 잘 보관하고 관리해서 후대에 전해준, 당시의 국민당 정부나 장개석 총통의 혜안이 대단해보였다. 뛰어난 작품들은 거의 이곳으로 옮겨왔으므로, 아이러니하게도, 본토 사람들이 선현들의 작품을 보기 위해 이곳으로 꾸준히 몰려오고 있다 하였다.

박물관 관람을 마치고, 6인승 택시를 타고 다음 코스로 향했다. 타이페이를 벗어나 40분 정도 달려서 '스펀'이란 지역에 도착했다. 이곳은 대만에서 합법적으로 천등을 날릴 수 있는 곳이었다. 동네에 들어서니 하늘에는 둥그런 등들이 점점이 떠오르고 있었다. 천등 날리기의 유래는 도적을 막기 위한 마을간 소통의 수단이었다는데, 요즘은 건강운, 재운, 길운과 같은 소원을 비는 등불의 의미로 변화되어 대만 관광의 필수코스가 되었단다.

천등은 사면이 천으로 되어있고 거기에 면마다 돌아가며 자기가 소원하는 바를 붓으로 적도록 되어 있었다. 모두들 소원을 쓴다고 진지하기까지 하였다. 등의 귀퉁이를 잡고 인증 사진을 찍은 후 점화하여 날려 보냈다. 하늘로 날아오르는 소원지마다 제각각의 절실한 염원이 담겨 있을 거라 싶으니 절로 두 손이 모아졌다.

다음날도 일정표대로 직접 찾아가는 여정이다. 주로 대중교통을 이용하는데 딸들이 애들한테 교육을 시킨다. "오늘은 너희들 셋이서 우리들을 인솔해 가는 날이다. 할머니하고 엄마, 이모는 뒤따라 갈 테니 지도대로 목적지를 찾아가도록 해봐라."며 지하철 앞에서 일정표를 건네준다. 처음에는 약간 헤매는 것 같더니 이내 셋이서 이리저리 살펴가면서 우리를 이끈다. 역시 젊은 아이들답다.

첫 코스는 타이페이시에 있는 가장 오래된 사원인 '용산사'였다. 향을 들고 절을 하는 사람들로 경내가 북적거렸다. 매캐한 향료 냄새에다, 향에서 뿜어져 나오는 연기로 인해 안개 낀 듯 주변이 자욱했다. 대만 사람들의 종교생활을 가까이서 볼 수 있는 좋은 기회가 되었다.

용산사를 나와 '임가화원'으로 갔다. '임가정원'이라고도 불리는 이곳은 임씨 성을 가진 대부호가 살았던 개인 저택이란다. 1700년경 중국 북건성에서 대만으로 이주한 사람인데, 본토에서 가져온 쌀 무역으로 단숨에 대부호의 반열에 올라 이곳에 요새와도 같은 개인 저택을 짓고 살았다. 지금은 타이페이시에서 관리하면서 무료로 개방하고 있다고 했다.

우리가 갔을 때는 약하게 가랑비가 내리고 있었고, 연못에는 청둥오리 여러 쌍이 헤엄쳐 다니고 있었다. 미로처럼 되어있는 통로와 구름다리를 건너면 연꽃이 피어있는 연못이 여기저기에 있었다. 바윗돌에는 조각으로 된 산수화 풍의 그림이 새겨져 있었는데, 특이한 것은 세월의 흐름을 말하듯 이끼가 끼어 있다는 것이었다. 멋진 풍광을 놓치기 아까운지, 손녀들은 연신 사진을 찍었다. 사진을 찍기만 하면 눈을 감는 나도 그곳에서 찍은 사진들은 활짝 웃는 표정이 많았다. 누구와 함께 여행을 떠나는지가 얼마나 중요한지를 증명해주는 것 같다.

맑은 개울물 소리도 즐겁고 그곳에서 먹이를 쪼아 먹고 있는 참새 떼의 지저귐도 더없이 정겨웠다. 딸들과 이렇게 여행을 다닐 수 있는 기회가 몇 번이나 더 있을는지. 세월의 흐름이 아쉽고 괜스레 서글퍼지기도 했다. 평온 속에 하루하루가 지나가는 것만으로도 감사해야 하는 것을. 지금 내가 무슨 생각을 하고 있는 건가. 즐거우면 즐거움 그 자체로서 좋은 것이고 세월이 흐르면 흐르는 대로 거기에 맡기며 가는 것이 우리들 인생임에도 잠시 생각이 앞서갔던 것이 부끄러웠다.

"할머니 이쪽으로 서 보세요. 이렇게 V자를 하면서."

손녀들은 가는 곳마다 포즈를 잡는다. 하루가 어떻게 가는지도 모르게 지나갔다. 대중교통을 이용해서 찾아다니는 것도 알뜰한 관광이었던 것 같고, 유명한 맛집 앞에서 줄 섰던 기억들도 새롭다. 융캉제 딤

섬만두, 스무시 망고빙수, 대만의 대표과자 펑리수…. 구경도 좋지만 먹는 재미도 빼놓을 수가 없었다.

이번 여행은 시간에 쫓기지 않고 천천히 다닐 수 있어 더욱 좋았고, 딸들과 손녀들과 함께 갈 수 있어서 큰 의미가 있었다. 손녀들은 저희들끼리도 자주 볼 수 없다가 이번에 이렇게 함께 보내는 것이 정말 즐거운 모양이었다. 새벽까지 부스럭거리고, 무슨 이야기가 그리 재미있는지, 까르르 즐거운 비명을 질러댔다. 이른 봄 허공을 수놓는 꽃망울이듯 바라만 보아도 예뻤다.

즐겁던 며칠이 지나고 이제 내일이면 돌아가야 한다. 여행지에서 있었던 이야기며 여자들만 떠나게 해준 집에 있는 가족들의 걱정까지, 아직도 수다는 끝이 없다. 오랜만에 엄마 옆에서 잠든 두 딸들을 보면서 나는 한참동안 감회에 젖었다.

'너희들이 있어 내가 행복하구나. 때로는 엄마 생각에 가슴이 아팠겠지만 항상 힘내라고 든든한 빽이 되어주는 한결같은 그 마음 너무 고마워. 우리 이번 여행에서 얻은 감동으로 힘차게 새 봄을 열어가자. 여자들만 떠나게 해준 남편들한테도 잘하고, 각자의 자리에서 또 열심히 가는 거야. 엄마는 부족하나마 열심히 글을 쓸 것이고, 뭔가 좀 더 가치 있는 일을 해 보고 싶다. 부지런히 가다보면 너희들에게는 향기가 되고 나에게는 여유가 되어 남은 날에 훈기가 돌지 않겠니.'

이번 여행은 어느 때보다도 즐거웠다. 사랑하는 딸들과 손녀들과 함께 충분히 행복했기에 그것을 가능하게 만들어 준 대만과의 작별이 아쉽지만은 않다. 굿바이 대만!

Work 00-7_실크스크린, 파브리아노, 2000

야경夜景

어둠이 내리는 바닷가 벤치에 걸터앉는다. 가끔 나와서 보지만 볼 때마다 새롭다. 하루를 마감하는 시간, 다시 서서히 일어서는 빛의 향연에 내 마음까지 즐거워지기도 한다. 상큼한 바닷내음이 답답하던 가슴을 시원스레 뚫어주면 하루의 피로가 씻은 듯이 날아간다.

지난해 연말, 광안대교에 첨단 조명 시스템을 개통하였다. 그때 이후론 찾아오는 사람들이 부쩍 늘었다. 해마다 10월에 열리는 불꽃축제일에는 말할 것도 없고, 주말이나 특별한 날에는 평일과는 다른 연출로 보는 사람의 가슴에 행복감을 느끼게도 해준다. 대교가 주는 기쁨이 실로 크다 하겠다.

반짝이는 빛을 보고 있으면 뭔가 좋은 일이 생길 것만 같다. 희망을 주는 풍경, 내가 이 야경을 좋아할 수밖에 없는 까닭이다. 이곳 바닷가 벤치에서 야경을 보고 있으면 재작년 이사를 갔던 고층의 아파트가 생각난다.

몇 년 전 H산업 개발에서 분양하는 아파트 58층에 당첨되었다. 처음에는 너무 높은 것이 걱정이 되어 망설이기도 했으나 전망이 좋아서 이사를 결정했다. 앞이 툭 트인 데다 수영만이 시원하게 내려다보여 가슴이 활짝 열리는 것 같았다. 아침이면 고깃배의 통통거림 속에 하루가 시작되고, 주말이면 요트에 쾌속보트까지, 눈으로 들어오는 풍경에 활기가 찼다. 마치 카멜레온처럼, 그러다가도 밤이 되면 전혀 다른 정경이 되어 또 다른 설렘으로 지켜보게 만들었다. 고층에서의 밤은 심심할 틈이 없었다. 자동차가 만들어 내는 헤드라이트의 불빛이 세상을 온통 보석밭으로 만들어 버렸다. 그것이야 말로 장관 중의 장관이었다.

광안대교에는 해운대 방향과 시내로 들어가는 차들이 겹쳐져 보이는 곳이 있다. 수영교에서 교차되는 지점인데, 흡사 보석 목걸이를 살짝 묶어놓은 것과도 같았다. 크게는 목걸이인 듯 보이고, 따로 보면 광채 나는 보석이 되어 어디론가 부지런히 가고 있는 불빛들. 민락동 미월드 내에 있는 둥그런 회전 관람차의 불빛은 또 얼마나 멋지던가. 지금은 멈춰져 있지만 주변의 야경과 어울려 함께 빤짝거릴 때 그것 또한 수영만의 밤을 한껏 운치 있게 해주었다. 한동안은 밤풍경이 너무 멋지다고 주변에 자랑도 꽤나 했다.

창밖은 언제나 살아 움직이고 생동감이 넘치는 곳이었다. 그러나 그 감동을 오래 즐기기에는 내 건강이 따라주지 않았다. 엘리베이터를 타면 초고속이라

귀 울림이 왔다. 귀가 멍해지면서 어지럽기까지 했다. 아무에게나 그곳이 어울릴 거라 생각하며 결정을 내린 것을 은근히 후회하기도 했다. 날마다 야경을 바라보며 내 마음의 찌꺼기까지 걸러내기도 했던 58층 그 집. 겨우 1년 남짓 살았을까. 결국 부근의 낮은 층으로 떠나올 수밖에 없었다. 더는 거기에 머무는 것을 몸이 허락하지 않았기 때문이었다.

공부를 더 못한 것이 늘 가슴에 남았던 나는 항시 학업에 대한 갈망 속에 살았다. 애들을 키우면서도 틈만 나면 독서를 했다. 노동자와 약한 이들의 편에 서서 아낌없이 자기를 태웠던 시몬느베이유의 〈불꽃의 여자〉를 읽고 그 열정에 감화되었던 나의 40대. 역경 속에서 자기를 키워가는 다른 사람들의 삶의 방식을 모델로 삼기도 했다.

내 속에 잠자고 있던 간절한 소망이 현실로 다가와 공부를 하게 되었다. 나는 뛸 듯이 기뻤다. 늦게 공부하느라 몸은 힘들었어도 최선을 다했고 아낌없이 학구열을 불태웠다. 전공은 섬유미술이었는데, 졸업 준비를 하던 무렵에는 염색과 직조로 작업실에서 밤샘을 하는 일도 잦았다.

어느 날, 갑자기 손에 떨림이 왔다. 결국 파킨슨병이라는 진단이 내려졌다. 절망스러웠다. 한 학기를 남겨두고 손을 놓을 수밖에 없었던 현실이 한없이 원망스럽기도 했다. 세상에는 사람의 힘으로 어찌 할 수 없는 일도 있다는 것을 인정할 수밖에 없는 순간이었다.

차츰 마음을 진정시켰다. 같은 병을 앓고 있는 사람들의 카페에 가입해서 정보도 교환하고 아픔도 나누었다. 나름대로의 길을 찾아가다보니 젊은 날 의욕만 앞서서 무리하게 달려갔던 것이 병의 원인이 아닌가 싶기도 했다.

지난날을 돌이켜보면 너무 힘겹게 살아왔던 것 같

다. 몸은 힘든데 마음은 앞만 보며 내달렸다. 천천히 조율하면서 지내오지 못한 것이 아쉬움으로 남는다. 그러나 시작할 때 결과를 예측하지 못하는 것이 인간의 한계인 것을 어찌하랴. 때로 뜻하지 않는 난관에 부딪히게 될 때, 얼마나 지혜롭게 그 위기를 극복해 나갈 것인가 하는 것이 관건일 것이다. 지금 이 순간처럼, 바닷가 벤치에 앉아 조용히 열렸다 조용히 닫히는 하루를 지켜보는 것은, 후회 없는 날을 만들기 위해 나를 추스르는 의식과도 같다 할까.

고층에서는 고층대로, 낮은 곳에서는 또 낮은 대로 즐기는 방식이 있으니 참 다행이다. 찬란하게 빛을 발하는 조명등이 남은 날들을 아름답게 살라는 격려의 빛인 것만 같다. 문득, 살아 있다는 사실이 감사한 순간이다. 어느 연예인처럼 소리 내어 말하고 싶다.

'여러분, 아름다운 밤이에요.'

막내고모님

나에게는 어린 날을 곱게 물들여 주었던 고모님이 한 분 계셨다. 그 사랑이 얼마나 극진했던지, 칠순이 된 지금에도 고모님을 생각하면 가슴이 뭉클해지곤 한다.

당시 우리 가족을 조부모님과 부모님, 막내고모, 오빠동생들, 그리고 나를 포함해서 대가족이었다. 세 분 고모들과 숙부님은 내가 태어나기 전에 이미 출가하셨고, 막내고모만 한 집에서 살았다.

엄마는 종가집의 종부로서 우리를 챙길 만큼 시간적 여유가 없었다. 조부님이 하시던 어장을 아버지가 물려받아 하고 계셨기 때문에 집에는 항상 일꾼들이 붐볐다. 거기다 매년 되풀이되는 제사에다 이런저런 대소사로 친인척들이 끊이지 않고 드나들었다. 그러다 보니 엄마는 집안일에다가 밤낮으로 드나드는 손님 치다꺼리로 정작 당신의 아이들은 뒷전일 수밖에 없었다. 오빠들은 학교에 다녀오면 주로 바깥에서 놀다가 해질녘에야 돌아오곤 하였다. 나와 놀아줄 사람은 고모 한 분 뿐이었던 셈이다. 나는 자연히 고모에게 의지를 하게 되었고, 고모도 기꺼이 나를 품어주셨다.

지금은 내 고향이 남해안의 유명한 해수욕장이 되어 남녀노소 없이 해수욕을 즐기지만, 그때만 해도 여자들이 바닷가에서 풍덩거리며 멱을 감는 것은 상상도 할 수 없는 일이었다. 여름철이 되면 사방이 가려지는 산속의 계곡으로 가서 더위를 식히며 놀다오는 것이 고작이었다.

내가 다섯 살쯤 되던 해 칠월칠석날이었다. 나는 고모를 따라 계곡으로 나들이를 갔다. 견우직녀가 은하수를 건너 일 년 만에 다시 만난다는 전설이 있는 날이라, 그날은 흐르는 물이든, 고여 있는 물이든 다 약물이라 하였다. 그 물에 목욕을 하면 몸이 청결해지고 잔병도 없어진다는 속설이 있어 아낙네들은 계곡으로 가서 목욕재계하고, 정갈해진 몸으로 절에 가서 불공을 드리기도 했다.

내가 고모와 고모의 친구들과 같이 갔던 곳은 '던밭골'이란 계곡이었다. 요즘처럼 샴푸가 있던 시절이 아니라 깻잎을 우려내어 머리를 감으면 머릿결이 부드럽고 매끈해진다고 했다. 고모는 깻잎을 잔뜩 따고, 점심해 먹을 준비까지 해서 집을 나섰다. 나도 고모의 손을 잡고 껌딱지처럼 졸졸 뒤따랐다.

꼬불꼬불한 산길을 올라가는데, 길이 가파르고 돌멩이도 많아서 다리가 몹시 아팠다. 내가 힘들어 하자 고모는 나를 덜렁 업었다. 그렇게 한참 올라가니 맑은 물이 흘러내리는 계곡이 나왔다. 좀 펑퍼짐하고 널따란 곳을 찾아 자리를 잡았다. 고모는 준비해 온 깻잎으로 내 머리를 감겨주었고, 맑은 계곡물에 몸도 깨끗이 씻겨주었다. 그리고는 먹거리를 풀어놓고 긴 여름해가 기울도록 재미있게 놀다 돌아왔다.

여름날 저녁이면 더위를 식히느라 자갈밭에 자주 나가기도 했다. 할머니와 고모를 따라 바닷가에 나가면 누워서 별똥별을 구경하는 것도 여간 재미있는 게 아니었다. 차라리 쏟아져 내린다는 표현이 맞을 정도로 그때는 별똥별이 많았다. 캄캄한 밤하늘에서 벌어지는 빛의 향연에 우리는 탄성을 지르곤 했다. 공해가 없어 하늘은 맑기만 했고, 전기가 들어오지 않았던 시절이라 검은 하늘은 빤짝이는 별들로 온통 보석밭이었다. 내겐 엄마 같던 고모도 그때만은 할머니에게 곧잘 어리광을 부리곤 했다.

예전에는 가을걷이가 끝나고 겨울이 되면 결혼식을 많이 하였다. 별똥별의 아름다움과 그 계곡의 추억이 채 가시기도 전에 고모도 시집을 갔다. 나는 멋도 모르고 고모의 결혼식을 맞게 되었다.

그때는 지금처럼 결혼식장에서 하는 것이 아니고 신부 집 마당에서 주로 전통 혼례를 치렀다. 사람들

속삭임_오일, 아크릴, 2001

이 마당에 가득 모여들었고, 그 가운데로 예복을 입은 신랑이 나타났다. 그러자 "신부 추울~!"하는 소리와 함께 머리를 말아 올리고 전통 혼례복을 입은 고모가 양쪽으로 부축을 받으며 다소곳이 나타났다. 잔뜩 치장을 한 고모가 그렇게 예쁠 수가 없었다.

왁자지껄한 가운데 드디어 혼례식이 진행되었다. 나는 왠지 기분이 좋고 즐겁기만 했다. 괜히 신이 나서 깡충거리다 보니, 가슴마저 콩닥콩닥 방망이질을 했다. 영문도 모르는 채 뛰놀며 하루를 정신없이 보냈지 싶다.

그런데 식을 마치고 피로연이 끝나자, 고모가 가마를 타고 떠나가지 않는가! 장정 네 사람이 번개처럼 가마를 메고 멀어지는 것이었다. 나는 가슴이 '쿵' 내려앉는 것 같았다. 급한 마음에 맨발로 무작정 가마를 따라 뛰었다. 그러자 친척 아저씨들이 나를 부르며 뛰어오셨다.

“저 애가 맨발로 어딜 가는 거야? 너는 따라가면 안 돼.”

그 중 한분이 나를 붙잡았다.

“오빠들은 가는데, 왜 나는 못가라고 하는데?”

나는 울고불고 떼를 부렸다.

그때는 결혼식을 마치고 신부가 시댁으로 갈 때, ‘소동小童’이라며 어린 조카나 남동생이 따라가는 풍습이 있었다. 남녀차별이 심할 때라 여자아이가 가는 것은 금기사항이었다. 그것을 알 리 없었던 나는 고모의 가마가 학동재를 너머 사라질 때까지 눈물로 앙탈을 부렸다. 그러나 소용이 없었다. 보다 못한 마음씨 좋은 이웃집 고약국 아저씨가 나를 안고 달래며 집까지 데려다 주었다. 고모가 없는 집은 텅 빈 것 같고, 견딜 수 없을 만치 허전했다. 온종일을 얼마나 울었는지 모른다.

고모의 집은 재 넘어 면 소재지 마을에 있었고 고

모부는 교사였다. 고모가 가끔 친정에 왔다 돌아가실 때 나도 따라가곤 했다. 낯선 고모의 시댁 어른들 속에서 눈치를 살피며 고모에게만 찰싹 달라붙어 놀다 잠이 들었다. 간만에 고모와 함께 잠이 들어서 그랬는지, 새벽 먼동이 트고 창호지 문살이 훤하게 밝아 올 때면 꼭 우리 집인 것처럼 착각을 하기도 했다. 그러나 눈을 크게 떠보면 고모님 댁이었다. 고작 하룻밤을 보내고는 다시 집으로 돌아오곤 했는데, 며칠이 지나면 다시 또 고모가 그리워 눈물짓곤 했다.

그러기를 몇 번 하는 동안 나는 초등학교에 입학을 하게 되었고, 고모에게도 아기가 태어났다. 우리의 관심은 점차 다른 곳으로 옮겨가게 되었다. 나는 새로 만나게 된 선생님과 친구들에게, 고모는 태어난 아기에게 더 애정을 기울이게 되었으리라.

그렇게 세월은 흘러 나도 결혼을 하고, 고모님이 앞서 가셨던 인생길을 뒤따라가고 있는 중이다. 칠순이 넘어 지병으로 세상을 떠나시기 전까지 항시 내 손을 잡고 나를 포근히 감싸주셨던 고모님. 나도 이제 그때 고모님 같은 연배가 되었다.

돌이켜보면, 내게 고모님이 계셨기에 유년의 추억이 아름답게 간직될 수 있었다. 내 삶의 본보기로 삼을 수 있는 인생길이 고모님에게서 나왔다는 생각이 들 때도 많다. 천천히 녹여 먹던 알사탕처럼, 고모님과 보낸 어린 날들이 내 남은 삶에 달큼한 향기로 남을 것 같다.

아낌없이 주던 나무

우리 부부는 거제도의 한 몽돌 해변가에 자그마한 펜션을 운영하고 있다. 펜션 앞 해변을 따라 동백꽃이 흐드러지게 피어 있고, 그 숲에는 팔색조가 서식을 하는데 보호림으로 지정된 관광 명소이기도 하다. 겨울부터 이른 봄까지 해안 능선을 따라 동백꽃은 끝없이 피고 진다. 몽돌해변과 동백잎이 어우러져 가히 환상적인 풍광을 연출한다.

펜션 뒷마당에는 바베큐장이 있다. 그 옆으로 감나무가 두 그루 있고, 앞에는 종려나무 다섯 그루가 있다. 종려나무 아래에 앉아 동백숲을 바라보니 문득 큰오빠가 그리워진다.

어린 시절, 아버지는 꽃을 좋아하셨다. 뒷밭이며 정원에는 산에서 가져다 심은 꽃과 나무들이 많았다. 사철 꽃이 피고 지고 열매가 익어가던 그 정원에 종려나무도 몇 그루 있었다. 큰오빠는 그중에서도 종려나무를 제일 좋아했다. 종려나무를 보면 어쩐지 이국적인 낭만이 느껴지고, 남해안의 모진 해풍에도 끄떡없이 버티고 있는 강인함도 느껴진다. 사철 푸른 자태로 파란 하늘을 우러러보는 기상도 왠지 큰오빠를 닮았다. 큰오빠도 종려나무의 이런 풍모 때문에 유독 좋아했는지 모른다.

하늘을 향해 높지막하게 솟아오른 다섯 그루의 종려나무. 이 터를 처음 만났을 때, 친정집 정원에 있던 것을 옮겨 주시면서 "이 나무는 너희 큰오빠가 좋아하던 나무니라"고 하시던 친정아버지의 말씀이 생각난다.

종려나무는 야자과에 속하며 꽃말은 번성하는 생명을 뜻한다. 아버지께서 종려나무가 자라기에 적합한 자리를 찾아 손수 심어주신지 40년이 지났다. 큰 것은 6미터 내지는 7미터 정도 자라 잎이 2층 창문까지 넘실거린다. 언젠가부터 우리 집을 지켜주는 수호신인 것도 같아 부산에서 내려오면 뒷마당부터 둘러본다.

기후가 따뜻한 곳이라서 그런지 해마다 꽃도 피고 열매도 잘 맺는다. 해풍이 아무리 불어와도 언제나 잎이 싱싱한 것을 보면 참 강인하다는 생각이 든다. 큰오빠가 내게 심어준 정성이 이 종려나무와 같아, 나는 어떤 역경 속에서도 나 자신을 잃지 않고 살아왔다. 큰오빠의 정성이야말로 어린 나에게는 따뜻한 축복이 아니었던가 싶다.

얼마 전, 해외에서 선교활동을 하는 남동생의 귀국을 맞아 오랜만에 형제들이 모였다. 오래전에 대학에서 정년퇴임하신 큰오빠는 기력이 많이 떨어져 보였다. 모든 일에 흥미를 잃으신 것도 같았다. 집안의 대소사가 있을 때면 언제나 중심에 서서 좌중을 이끌어 가시던 당당한 큰오빠가 아닌가. 그러나 흐

촛불_타피스트리, 2003

르는 세월을 어쩌지 못하고 팔순을 눈앞에 둔 노인이 되어버린 큰오빠가 내 마음을 아리게 했다.

큰오빠는 우리 집안의 기둥이었다. 동네 산 너머 '다포'라는 마을에 어장막을 설치하고 운영하시던 아버지에게 통영으로 유학 보낸 큰아들은 한마디로 자부심이었다. 초등학생이었던 나도 주말이나 방학 때 큰오빠가 마을 어귀에 들어서면 괜히 우쭐해지곤 했다.

내가 초등학교에 다닐 때만 해도 태풍이 잦았다. 어느 날 집채만 한 파도가 바람과 함께 몰려왔다. 해변에 사는 사람들은 가재도구를 옮긴다고 정신이 없었다. 윗동네 사람들은 직접 피해가 없으니까 안전한 곳에 서서 몰려오는 파도를 보느라고 너도나도 바빴다.

우리 가족들은 속이 타들어 가는데…, 어린 눈에는 호기심에 찬 그들이 얄밉기만 했다. 태풍이 지나가고 나니 해안에 있는 집들은 반쯤 무너진 채 뼈만 앙상하게 남았고, 폐허나 다름이 없었다. 우리 집 앞 논에는 벼가 누렇게 익어가고 있었는데, 바닷물이 밀고 들어오는 바람에 한해 농사를 망치고 말았다.

더 큰 문제는 산 너머 다포에 있는 어장막이었다. 피해가 엄청 났다. 어구들이 다 떠내려가 버렸다. 아버지가 하시던 사업도 큰 타격을 입었다. 어장막 뿐만 아니라 그날그날 잡은 생선을 싣고 충무 어판장으로 가던 발동선이며 고깃배들도 모두 파손되었다. 포구라 안전하다 싶었는데, 태풍의 위력 앞에 안전한 바다는 없는가 보았다.

망연자실한 어른들은 몸져눕고 말았다. 피해보상이라고 나라에서 지원금이 조금 나오긴 했지만 그것으로 어장막을 복구하기에는 어림도 없었다. 그때 이후로 아버지는 생업에는 별로 관심을 두지 않고 술로 세월을 보내셨다. 개를 데리고 산과 들로 사냥 다니시는 것이 낙이었다. 자연히 할머니의 입김이 커지게 되었다.

가세가 기울자 오빠들도 학교 다니기가 힘든 형편이 되었다. 때마침 나도 상급학교에 가야할 무렵이었다. 나를 안쓰럽게 여긴 큰오빠가 입학원서를 사와 할머니를 졸랐지만 끝내 허락을 받아내지 못했다. 엄마의 입김도 할머니의 완강함에 맥을 잃고 말았으니, 내 진학의 꿈은 그렇게 무너지고 말았다.

나는 공부가 하고 싶었다. 하지만 달리 방법이 없었다. 책을 빌려다 읽고 한자와 글쓰기 공부도 했다. 전시 이후라 시골에서는 석유를 구하기가 힘들었다. 늦게까지 불을 밝히는 것도 눈치가 보였다. 저녁에만 잠시 불을 켰다가 끄고, 어른들이 잠들고 나면 다시 불을 켜 놓고 시작도 끝도 없는 공부를 한다고 밤을 새기도 했다.

그때부터 큰오빠는 나의 지도 교사가 되어 주었다.

아주 볼품없는 글이어도 “잘 썼구나. 처음부터 잘 쓰는 사람은 어느 누구도 없다.”라고 매번 격려 해주는 바람에 두려움 없이 앞으로 나갈 수 있었다. 칭찬은 나를 들뜨게 했고 삶의 목표도 세우게 만들었다.

대학에 진학해 집을 떠난 큰오빠는 가끔씩 문학잡지인 〈여원〉과 〈여상〉을 사서 보내주었다. 아르바이트로 생활비를 충당해야하는 고된 생활 속에서도 진학하지 못한 여동생을 챙기는 다정한 큰오빠였다. 스펀지가 물을 빨아들이듯, 그 책들을 읽고 또 읽었다. 그렇게 독서는 내 꿈의 시작이 되었고 ‘문학’이라는 달콤한 씨앗을 가슴에 품게 되었다.

한 번은 큰오빠를 따라 학교 부근 자취집에 간 적이 있었다. 처음으로 부산에 온 동생한테 시내구경을 시킨다고 아침부터 신나 있는 큰오빠였다. 목적지는 수영 비행장을 거쳐 해운대 바닷가로 가는 것이었다. 수영 비행장에는 엄청나게 크고 많은 비행

기들이 줄지어 있었는데, 시골뜨기인 나에게는 너무 신기해보였다.

수영 강변을 걸어 해운대로 갔다. 탁 트인 해운대 바닷가에 앉아 큰오빠가 내 머리를 쓰다듬으며 말했다. "공부를 많이 못했어도 훌륭한 사람이 얼마든지 많단다. 용기 잃지 말고 힘내어서 잘 살아야 하는 거야. 오빠가 이렇게 지켜주고 있으니까." 밀려오고 밀려가던 해운대의 파도소리와 함께 가슴에 새겨진 큰오빠의 목소리가 지금도 귓가에 쟁쟁하다.

큰오빠는 군 복무 중에도 한 단계 수준을 높여서 순수 문학지인 〈현대문학〉을 다달이 보내왔다. 나의 본격적인 수련기는 그때부터 시작되었다. 서툴지만 몇 줄의 글도 썼고, 내 글이 문예란에 실리고 신석초 선생님의 평이 곁들어졌을 때는 뛸 듯이 기뻤다. 잘 쓰고 못 쓰고를 떠나 내가 쓴 글이 발표되었다는 것은 크나큰 수확이며 기쁨이었다. 큰오빠가 내 손을 잡아주지 않았다면 가능키나 했을까. 그리하여 나는 어설픈 문학소녀가 되어갔다.

큰오빠의 보살핌과 격려가 살아오는 내내 큰 힘이 되었다. 그 정성이 없었다면 지금의 나도 없지 않을까. 고맙고 감사한 마음이 꿈속에서도 느껴져 가끔 잠꼬대를 하면서 "큰오빠" 하고 부를 때도 있었다. 다급한 상황이 되었을 때 제일 먼저 뛰어 올 것만 같은 단 한 사람, 큰오빠. 내게 끝없는 사랑을 주었던 큰오빠를 생각하며 이런 시를 짓기도 했다.

마냥 부풀기만 했던 저 열여섯쯤
꿈은 안개처럼 피어오르고
오라버니는 제게 꿈의 씨앗을 심어주었지요
그 꿈의 자락은 햇볕도 되었다가
그늘도 되었다가

비 오는 날에는 우산도 되었다가,
한없는 사랑으로 감싸주던 오빠

하나뿐인 여동생이 행여 짧은 끈에
상처라도 받을까봐 미리 예감하고 챙기셨나요?
그리도 길을 열어 주고자 애쓰셨던 그 마음,
한없는 고마움에 가슴 젖어 옵니다.

나도 큰오빠도 결혼을 하여 서로의 가정을 이루고, 아이들이 태어나고 하는 사이 큰오빠와 만나는 일도 자연히 줄어들었다. 하지만 이 종려나무를 볼 때마다 그처럼 챙겨주셨던 마음이 생각나 가슴이 먹먹해진다. 큰오빠의 남은 날들이 평안하기만을 빌 뿐이다.

이 봄이 가기 전에 큰오빠를 이곳으로 모시고 싶다. 향긋한 봄나물과 싱싱한 숭어회로 잃었던 미각도 찾고, 섬길 나들이로 활력도 얻으신다면 더없이 좋으련만. 고향의 봄내음에 젖었다 가면 오빠도 기력을 회복하시지 않을까.

나에게 주어진 현실이 다소 힘들고 어렵더라도 꿈을 가지고 열심히 창공으로 날아 보는 거야, 힘껏.

나는 속으로 조용히 다짐을 한다. 내 가슴 속에 새겨져 있는 영원한 큰오빠의 응원가를 이제는 오빠를 향해서도 외쳐드리고 싶다. 의연히 하늘을 향해 뻗어나가는 저 종려나무처럼 오빠도 내 곁에 건강한 모습으로 머물러 주시기를 바라는 마음뿐이다.

보름달과 시루떡

둥그렇게 보름달이 떠오르면 어머니 생각이 절로 난다. 그 달 속에는 모락모락 김이 오르는 무시루떡도 함께 떠올라 코끝이 시큰해진다. 그럴 때면 달 속에 어머니의 얼굴을 그려보는 것으로 아쉬움을 달래곤 한다.

아들 다섯 명에 고명딸이었던 나는 자라면서 어머니의 사랑을 독차지하다시피 했다. 어머니는 내 생일 때만 되면 친구들을 불러 손수 음식을 해먹이셨다. 가을걷이가 끝날 무렵이라 햅쌀가루에 가을무를 채 썰어 넣고 켜켜이 팥고물을 올린 뜨끈한 무시루떡을 해주시곤 했는데, 나는 여태 무시루떡을 어머니만큼 맛깔나게 하는 사람을 본 적이 없다. 무의 아린 맛과 단맛이 어우러지면서 부드럽게 넘어가던 어머니 표 무시루떡을 앞에 두고 조잘조잘 우리의 이야기는 끝없이 이어졌다. 시월의 보름달은 유난히 크고 밝았다. 휘영청, 하늘에 달을 걸어놓은 채 가을밤은 깊어가고, 우리들은 시시콜콜한 일상사에도 배꼽을 잡곤 했다.

그 당시 바닷가에서 파는 앵두 풀빵이 인기였다. 언제나 빨갛게 볼이 익어있는 주인아줌마는 늘 술에 절어 있는 듯 했어도 빵 굽는 솜씨만은 최고였다. 전

날 밤 식구들 몰래 보리쌀을 살짝 퍼다 주고 바꿔온 풀빵을 다음날 저녁 바닷가에 오면 먹을 것이라고 아껴서 자갈밭에 깊이 묻어놨더니 하필이면 밤사이 비가 오는 바람에 퉁퉁 불어서 못 먹게 되었다는 이야기는 두고두고 웃음꽃을 피워 올렸다.

친구들은 떡까지 해놓고 자기들을 불러 주는 엄마가 고맙다며 부러워했다. 요즘에는 재료가 많고 떡을 만드는 기술도 개발이 되었지만, 물자가 귀하던 그 시절에는 특별한 날이 아니면 구경할 수 없는 떡이었다. 그럼에도 빠지지 않고 친구들까지 챙겨 먹이셨던 걸 보면 나에 대한 어머니의 사랑이 시루떡 속에 차곡차곡 쟁여져 있었던 것 같다.

초등학교 4학년 때였다. 어느 날 부잣집 손녀딸 한 명이 우리 반에 전학을 왔다. 가방을 메고, 예쁘게 묶은 갈래 머리를 찰랑거리는 모습은 숲속의 요정 같았다. 선생님들도 예뻐했고, 친구들도 졸졸 따라 다니며 어울리고 싶어 했다.

그런데 유독 그 아이를 눈엣가시처럼 못마땅해 하던 친구가 한 명 있었는데, 그 아이가 사건의 발단이 되었다. 그 친구는 공부도 잘하는데다 노래도 잘 불렀다. 무슨 놀이를 해도 자기가 우선이었고, 자기가 제일 잘나야만 했던 아이였는데, 갑자기 자기 자리가 흔들리게 되니 질투심에 발동이 걸렸던가 보다.

새로운 친구를 골려줄 계획을 세우고 어리숙한 친구 두 명을 합류시켰다. 하나는 전학 온 아이 집 어장의 막일꾼 딸이었고, 나머지 하나는 나였다. 세 명 모두 집이 가까워서 내 집, 네 집 없이 들락거렸고, 그러다보니 속닥거리기도 안성맞춤이었다. 당시는 집에 가서 점심을 먹고 와서 오후 수업을 하는 때였다. 우리는 빨리 먹고 뛰어와서 행동에 들어가기로 했다. 마침 교실에는 아무도 없었다. 우리는 그 아이의 책상에서 책을 들고 와서 얼른 몇 장씩 찢어서 교실바닥 틈새로 던져버리고 아무 일이 없었던 것처럼 수업에 들어갔다. 그러나 10분도 안가서 들통이 나고 말았다. 사실을 알게 된 엄마는 어른들 모르게 곡식 두는 광에 데리고 들어가 처음으로 내게 회초리를 치며 우셨다. 내가 아픈 것보다도 저것이 나중에 어떻게 클 것인가가 더 걱정이었다고, 훗날 그때 일을 입에 올리셨다.

이렇듯 나는 엄마의 관심과 사랑 속에 커갔다. 어머니는 나를 상급학교에 진학시키지 못한 것을 두고두고 가슴 아파했지만 막상 나는 그리 애달파하지도 않았다. 우물 안 개구리처럼, 친구들과 어울리며 보내는 하루하루에 만족을 했던 것 같다.

그러나 결혼을 하고 도회지로 나와 보니 좀 더 공부를 하지 못했던 것이 여간 아쉬운 게 아니었다. 거리에는 영문으로 표기된 간판이 여기저기 생겨나고 하물며 아이들 옷에도 영어 글자가 드물지 않게 새겨져 있곤 했다. 세태라는 거대한 물살에서 혼자만 튕겨져 나온 기분이었다.

어머니를 만나는 것이 괜히 짜증났다. 기우는 가세에 손자 두 명을 충무 학교에 보내는 것도 벅찬데 나까지는 무리하고 하시는 할머니를 끝까지 설득하지 못한 어머니가 그렇게 야속할 수가 없었다. 제때 받은 교육이 그 사람의 평생을 좌우하는데, 그리도 소중히 여기던 딸의 공부를 뒷받침 해주지 못했던 마음이 얼마나 아팠을까. 아마도 어머니의 속은 타다 못해 숯덩이가 되었을 게다. 어찌할 수 없던 상황을 알면서도 어머니한테 화를 내곤 했었다.

결국 나는 결단을 내렸다. 늦었지만 다시 공부를 시작하자고. 아이들이 초등학교 다니던 무렵, 아이들을 제대로 키우려면 내가 먼저 공부를 해야겠다 싶었다. 소식을 들으신 어머니는 누구보다도 기뻐하셨고, 응원을 해주셨다.

어느 날 부모님이 시골집을 정리하고 서울 셋째 아들네 집으로 옮겨가시게 되었다. 그곳에서 얼마 지나지 않아 어머니는 뇌출혈로 쓰러지셨고 동생내외가 양방으로, 한방으로 뛰어다니며 치료한 덕분에 삼년 만에 어머니는 조금씩 걷기 시작하셨다.

그 무렵 동생이 미국 텍사스 주에 있는 한인교회의 담임 목사로 부임하면서 부모님을 모시고 떠나갔다. 10년 정도가 지났을까. 부부동반 모임에서 캐나다 여행을 갔다가 돌아오면서 일행과 헤어져 부모님이 계시는 텍사스 주로 갔다. 그때는 두 분의 건강이 조금씩 기울기도 했으나 크게 걱정 할 정도는 아니었다. 주일날이면 성경책을 끼고 목사 아들 차를 타고 교회에 가시는 것이 큰 낙이라시며 더없이 행복해하셨다.

그때 엄마께 "그동안 누가 제일 보고 싶었어요?"하고 물었더니 "우리 딸, 네가 젤 보고 싶었다."고 하시며 내 손을 꼭 잡아 주셨다. 모녀가 소리 없이 한참을 울었다. 그것이 어머니와의 마지막 대화가 될 것이라고는 꿈에도 생각지 못했다.

내가 미국을 다녀오고 2~3년이 지났을 즈음, 어머니가 위독하시다는 연락을 받고 달라스로 급히 갔다. 기억력을 놓으신 어머니는 나를 제대로 알아보지도 못하셨다. 멍하게 초점 없는 눈으로 숨만 몰아쉬고 계셨다. 그나마도 눈 감으시는 모습을 보지 못한 채 그곳을 떠나올 수밖에 없었다.

며칠 지나지 않아 부음을 받았다. 먼 타지에서 마지막을 맞으신 어머니. 마음이야 늘 절절하지만 선뜻 가 볼 엄두를 낼 수도 없는 곳에 어머니께서 누워 계신다. 애틋함이 배가 되어서인지, 살다가 힘들 때면 언제나 어머니가 생각난다. 머리엔 동백기름을 바르고 단아하게 비녀를 찌르셨던 어머니. 내가 아픈 것을 모르고 떠나셨지만 먼 그곳에서도 악착같이 내게 힘을 실어주고 계실 것이다.

오늘처럼 달빛이 훤한 날이면 유독 어머니가 그립다. 김이 설설 오르는 시루떡을 앞두고 호들갑을 떨던 그때처럼, 어머니는 세상 밖의 어딘가에서 여전히 자애로운 눈길로 나를 지켜보고 계실 것이라 위안을 할 뿐이다. 온몸으로 달빛을 받으며 어머니가 계시던 유년의 풍경 속을 오래도록 서성거리게 되는 밤이다.

오월의 향기_타피스트리, 2002

봄날은 간다

음악을 좋아하기는 하지만, 즐겨 듣기 시작한 지는 일 년 정도 된 것 같다. 편하게 외출을 하거나 사람을 만날 수 있는 형편이 아니다 보니 자연히 집에 있는 날이 늘어났다. 하여, 음악을 들으면서 시간을 보내는 것이 일과처럼 되어 버렸다.

F.M의 음악 채널을 돌리다 보면 좋은 음악을 많이 만나게 된다. 귀로 들어온 음률이 잔잔하게 가슴의 파장을 일으키는 경우도 있다. 그때 만난 감동은 오래 여운으로 남는다. 그럴 때면, 별 다른 준비가 없어도 누구나 언제든지 즐길 수 있는 음악이야말로 영원한 휴식이며 쉼의 터가 아닌가 하는 생각이 들곤 한다.

지난해 디스크 협착증으로 수술을 받았다. 좀 더 나은 날이 올 것이라는 기대로 수술실에 들어갔지만, 세상일이라는 게, 어디 마음먹은 대로 이루어지는 법이던가. 예후가 좋지 않아 통원 치료를 병행하고 있는 중이다. 달리 직장에 다니는 것은 아니나, 가끔 나가던 바깥일을 접고 두문불출하려니 답답하기가 그지없었다.

우울했다. 사람들은 모두 저마다의 보폭으로 분주한데 나만 혼자 낙오가 된 기분이었다. 그런 기분이 지속되는 것도 견디기가 힘들었다. 그런들 달리 방도가 없으니, 그냥 있는 그대로를 받아들일 수밖에. 안달복달하던 마음을 내려놓고 나서야 조금은 편해졌다.

집에서 할 수 있는 일이 없을까. 소일거리를 찾는 중에 평소 좋아하던 음악 감상이 떠올랐다. 아름다운 선율을 동무삼아 시간을 보내다 보니 지금은 나에게 유일한 낙이 되고 말았다.

지난해 늦은 봄, 어느 공영 방송국에서 진행하는 〈도전 꿈의 무대〉라는 아침 프로를 보게 되었다. 평소에도 즐기는 프로여서 관심 있게 보는데 그날은 조선족 가수가 나와서 '봄날은 간다'라는 노래를 구성지게 불렀다.

연분홍 치마가 봄바람에 휘날리더라….

그녀의 입에서 흘러나오는 노래를 듣는 순간 온몸에 전율이 일고 가슴이 먹먹해졌다. 익히 알고 있는 곡이었지만, 그녀가 부르는 봄날은 전혀 다른 느낌으로 다가왔다. 풍부한 성량에 애잔하기까지 하여 심금을 울렸다. 마치 답답한 내 마음을 대변이라도 해주는 듯했다.

순간, 감전이라도 된 듯 나도 모르게 눈물이 주르륵 흘러내렸다. 노래가 끝나도 눈물은 쉬 멈추지 않았다. 아마도 찬란한 봄은 기울어 가는데 붙박이처럼 집 안에만 묶여 지내야하는 내 처지가 노래에 이입되어서였을 게다. 벌써 일 년이 지난 일이건만 아직도 이따금 그 가수가 부르던 봄날의 노래가 가슴을 저리게 만든다. 딱히 해놓은 것도 없이 가을의 문턱을 넘어가는 내가 괜히 서럽다.

내 인생의 봄날은 언제였을까. 부지런히 시간을 되돌려 살아온 날들을 되새김질 해본다.

한창 청춘의 피가 끓어오를 무렵, 형편상 대학진학의 꿈을 접어야 했다. 그래도 영영 포기할 수는 없어서 큰오빠의 도움으로 집에서 독학을 하게 되었다. 말이 쉬워서 그렇지, 혼자 하는 공부가 무어 그리 큰 효과가 있었으랴. 그나마 조금씩 앞이 보일 무렵, 덜컥 결혼을 하게 되었다. 연달아 아이들이 생겨나고서야 공부에 대한 미련이 되살아났다. 어미로서의 소양도 부족할뿐더러 정체되어 있는 듯한 나 자신도 너무나 답답하였다. 오랜 망설임 끝에 내가 소원하던 일을 찾아 나가기로 결심하고 학원으로 발길을 옮겼다.

일 년에 두 번 있는 시험에서 번번이 낙방을 했다. 그만두어야 하나, 계속 해도 좋을까, 갈등의 연속이었다. 희망과 절망을 수없이 반복하면서도 때가 되면 시험장에 서 있는 나를 발견하곤 했다. 이왕 시작한 것, 용기를 내어서 자신감 있게 나아가자고 굳게 마음을 먹고 다시 열심히 매달렸다. 지성이면 감천이라더니, 결국 대학 합격증을 손에 쥐었다.

섬유 미술을 전공하게 되었다. 매캐한 파라핀 냄새를 맡으며 디자인 한 천에 물감을 입혀가던 캠퍼스 작업실에서 나는 놓쳐버린 청춘을 되찾은 기분이었다. 젊은 학생들과 어울려 공부를 하고 작업을 하다 보니 생기가 나고 즐거웠다. 못 이룬 꿈을 하나하나 이루어 간다는 성취감이 고된 하루를 보상해 주었다. 자는 일도, 먹는 일도, 쉬는 일도 소홀해질 수밖에 없었다. 결국 건강을 챙기지 못했던 과오가 두고두고 내게 아픔이 되고 말았지만. 어쨌거나 참으로 열정적인 시절이었다.

그뿐일까. 돌아보면 지나간 세월의 순간순간을 인생의 봄날처럼 최선을 다해 삶을 꽃피웠다. 잠을 아껴가며 공부를 했고, 와중에도 아이들을 모두 짝을 맺어주었다. 두 딸은 공부를 마치고 직장을 다니다 결혼을 했고, 아들은 미국으로 유학을 갔다. 비록 병에 발목이 잡혀 있기는 하지만 지금 이 순간조차 내가 하고 싶은 일을 찾아 즐기고 있으니 내 봄날은 아직도 이어지고 있다고 위안을 해도 좋을까.

외손주들이 가끔 집에 오면 거실 장식장이 무대가 되곤 했다. 가수 흉내를 내며 '어머나'를 곧잘 부르던 그 아이들이 어느새 대학생이 되어 자기 길을 열어가고 있으니 세월의 빠름을 실감하게 된다.

나이듦의 증상들이 점점 나를 나약하게 만들 것이

다. 처연한 노랫가락처럼 내 생의 봄날은 봄날 같지 않게 시들시들 메말라 갈지도 모른다. 고단하고 슬프다고 마냥 주저앉으면 세상에서 내가 할 수 있는 일이 어디 있으랴. 주어진 삶을 부여안고 사는 날까지 최선을 다하는 것이 내게 남은 숙제일 것이다. 내 곁에 항상 아름다운 선율이 동행을 해줄 것이기에 조금은 위로가 된다.

고모야!

우리 명옥이 고모, 칠순을 진심으로 축하한다.

항상 소녀 같기만 하던 고모가 어느새 칠순이 되었네.

마음씨 고운 고모.

가족들의 축하 속에 멋진 날 되고, 앞으로도 계속 행복하길 바래.

칠순잔치 함께 하지 못해서 많이 아쉽고, 우리 가족 모두에게 축복을 보내 드린다.

부모님 제우에 가지 못하는 것도 죄송스럽네.

지금은 여름이지만, 벵아리 찌짐에 진달래 화전 굽던 그때는 분명 이른 봄이었지.

갖가지 예쁜 꽃들이 피고 연초록 잎이 돋아나는 봄.

이 봄에 태어난 고모는 진정 행복한 거야.

집안일이라면 어디에든 빠짐이 없고 조카들 챙기는 그 고마운 마음까지.

저번에 가서 보니 이웃과도 잘 지내는 것 같아 너무 보기 좋더라.

혼자인 것 같아도 조금도 혼자가 아닌 명옥이 고모야!

진정 축복을 보낸다. 남은 날을 지금처럼 그렇게 멋지게 엮어 가리라 믿는다.

환한 그 모습 보고 싶은데 못본다 여기니 가슴이 뭉클해오네.

고모야 사랑해!

Work 00-1_실크스크린, 파브리아노, 2000

그때가 내겐 봄날

1.

3개월간 나가던 작업실. 어제 저녁 종강을 하고 나니 홀가분하다. 너무 오래 같은 장소에서 지내다 보니 마음이 여린 쪽에서 상처를 받아야 하는 경우가 종종 있었다. 그러고 보면 이쯤에서 끝을 내는 게 잘한 것인가 싶기도 하다.

그동안 좋은 영향을 많이 받았고, 그림 쪽으로 더 가까이 다가설 수 있는 계기도 되었지만 혼자 자유스럽게 헤쳐 왔던 나로서는 작업실의 분위기가 다소 부담이 될 때도 있었다. 나름대로 각자의 색깔이 있지만 쫀득쫀득 웃으면서 닮아진 사람들은 볼 때면 매사 한 템포 늦은 나는 그리 편치만은 않았다.

왜 나는 공부를 더 하려고 하는가. 수없이 하지 않으려고 했었고, 이쯤에서 만족하며 취미 생활이나 즐기는 부담 없는 삶을 살아가려고도 했었다. 그러나 어디엔가 깊이 매달리지 않으면 온갖 잡념과 갈등이 나를 힘들게 하였다.

세 아이들 뒷바라지도 해야 하고 내 공부도 해야 하고, 학교에 다니지 않을 때는 작업실에 나가 그림을 그렸다. 쉴 틈도 없이 나아가는 내 모습은 수레바퀴가 끊임없이 돌아가는 형상과 다르지 않았다. 때로는 그런 내가 너무 벅차서 숨 고르기가 절실해지기도 했다. 한편으로는 먼 훗날 내가 어디에 어떠한 모습으로 서 있을는지는 모르나, 어떠한 경우에도 제일 간절한 쪽으로 밀고 나갈 것이지 이것도 저것도 어중간한 상태로 머물러 있고 싶지는 않았다. 어차피 우리들의 삶이 끝없는 도전이라면 나 역시 끊임없이 나아갈 수밖에.

세월이 많이 흐른 후, 매순간 최선책을 찾아 열심히 살아 왔노라고 말할 때가 있을 것이다. 내 몸의 기운에 의해서 선택한 것이니 뭐가 되어보겠다는 생각과는 다른 차원에서 그냥 열심히 하는 것에 의미를 두고 싶다.

2.

어제 하루 집에서 쉬었지만 기분은 그렇게 상쾌하지만은 않다. 모든 것이 마음먹기에 달렸다고 하지 않던가. 내게 온 하찮은 감기도 내 생각에 영향을 받는다면 그건 참으로 곤란한 일이다. 병원에 가면 나을 것이고, 약을 먹지 않으면 기침이 다시 올라올 것 같은 생각. 그러한 생각을 밀어낸다. 유자차를 마셔본다. 푸른 강물을 바라본다. 강물을 바라보노라면 우울증에 걸린다고 하지만 나는 그걸 모르겠다. 우울증은 예전부터 있어왔고 조금 더 하고 조금 덜 한

상태지 강물 옆에 산다고 증세가 더 심한 것은 아닌 것 같다.

다만 밤이고 낮이고 쉼 없이 달리는 강변도로의 차 소음이 아주 견딜 수 없었고, 여름이면 을숙도 쓰레기장의 악취로 하여 더없이 짜증스러운 날들이었다. 그것도 날씨가 서늘해지니 수굿해지고, 매일 바깥으로 나다니다보니 소음에도 다소 무뎌지는 느낌이다. 앞은 툭 트였어도 뒤에 산이 있어 포근히 감싸준다면 다소 안정이 될 것이라는 생각도 해본다.

젊고 건강하고 활기찰 때면 바다도 강도 보이는 이런 곳이 좋을지 모르나, 나이 들고 안정이 절대 필요한 사람에게는 부적당한 주거지라는 걸 늘 느낀다. 마음이 잡히지 않고 정리가 되지 않을 때 몇 자 끼적거리고 나면 다소 가라앉는다. 뿌리를 잃고 흔들리던 마음, 흩어졌던 마음도 제자리를 찾아 가는 느낌. 이렇게라도 풀어볼 수 있다는 것이 얼마나 다행인가!

3.

어제 아들이 다녀갔다. 영도에서 의경으로 근무하는 아들의 면회를 갔다가 외출증을 내어 집으로 함께 왔다. 길에 서서 교통정리 하는 것이 매일 일과인 모양이다. 교대로 하지만 야근도 하고, 토요일 일요일도 없고, 거기다가 신참이라 자주 서야하니 많이 힘들어 보인다.

집에 오니 너무 좋단다. 한숨 자라하니 잠이 안 온단다. 3시쯤 집에 와서 점심 겸 저녁을 준비하는 동안 친구들한테 전화하고, 목욕 후 녹차를 마시면서 근무하는 이야기, 고참한테 야단맞던 이야기, 스티커 끊는 이야기를 하기도 하였다. 시간은 금방 흘러갔다. 저녁 7시40분까지 복귀해야 하므로 6시40분에 튀김통닭 2마리를 들고 갔다.

멀리 있는 것보다 가까이서 목소리도 듣고 열흘에 한 번씩 외출이 허용된다하니 얼굴도 자주 보아 아들 군대 보낸 엄마로서는 더할 나위 없이 좋다. 힘들어도 하다보면 익숙해질 것이고 세월이 흐르면 아들도 고참이 될 것이 아닌가. 참고 잘 해봐라.

4.

며칠 전, 큰애 시부모님 되실 분을 만나서 상견례를 하고 왔다. 서울에서 학교 다닐 때 사귀었던 친군데 이번 겨울방학 때 결혼식을 올리기로 하였다. 큰애를 결혼시킨다고 생각하니 감회가 새롭다. 큰애가 밀양 학교에 강의를 가고 서울에서 학위까지 따려면 무척 바쁘겠지만 잘 해 나가리라고 본다.

맏이로 태어나 큰애가 잘 해야 동생들을 끌어 올릴 수 있다고 부담을 주기도 했건만 동생들에게 좋은 본보기가 되어 열심히 해주어서 너무 고맙고 학교에 나가고 결혼까지 하면 많이 힘들기도 할 텐데, 걱정이 크지만 큰애를 믿기로 한다.

나는 어떤 땐 작은 확신 같은 것이 있다. 큰아이도, 둘째도, 막내도 힘들지만 자기 길을 잘 열어가고 또 잘 해낼 것이라는 것과 나 자신도 뭔가는 모르지만 좋은 쪽으로 발전해 나갈 것이라는 희망 같은 거. 그런 믿음이 있어 힘들어도 힘든 줄 모르고 이렇게 뛰고 있는 게 아닌가 싶기도 하고.

5.

어제는 경주에 다녀왔다. 외선씨랑 부숙씨와 함께 선재 미술관에 '독일현대미술의 파워전'을 보기 위해서. 김정호 선생님 작업실에 함께 나가던 사람들이 선생님이 양평으로 떠나는 바람에 뿔뿔이 흩어지고 우리 세 명만 문화센터에 다시 등록하게 되었다. 드로잉반 사람들과 같이 전시장을 둘러보고 잔디 위에 앉아 음식을 펼쳐놓고 맛있게 먹었다.

그동안 비가 오지 않아 보문단지 오리배도 덩그러

니 나뒹굴고, 포클레인이 물이 말라버린 바닥을 고르고 있는 중이었다. 아이들 어렸을 때 가족끼리 와서 오리배를 타던 일이 생각났다. 이제는 아이들도 다 자라서 결혼을 한다, 졸업을 한다, 군에 간다며 엄마 곁을 벗어나기 위한 몸부림을 치는 중이고…. 간간히 생각하면 산다는 게 서글픔이다. 그래, 떠나보내자. 훨훨 날아라. 하고 싶은 것을 찾아서.

6.

경주에 오면 마음이 편해진다. 나지막한 기와집들, 잘 가꾸어진 나무들, 어디를 가나 안정된 느낌이다. 들에는 벼가 서 있는 논도 있고 이미 베어서 깔아놓은 곳도 있다. 단풍이 곱게 물들어가는 10월의 하루를 같은 취향의 사람들과 선생님의 설명을 들으면서 감상하고 보내는 즐거움이 컸다. 새로운 드로잉반 선생님은 독일에서 공부를 하고 온 분인데 소탈하고 가식이 없어 보였고 아이와 함께 온 부인도 인상이 퍽 좋았다. 때 묻지 않은 순수함이 묻어나는 사람이었다.

오면서 부산대 앞에 있는 음악다실 '파파게니'에 들렀다. 클래식 음악을 주로 들려주는 곳. 밝고 경쾌한 음악이 계속 흘러 나왔다. 음악을 들으면 만 가지 잡념들이 서서히 정리 된다. 자연스럽게 마음도 편안해진다. 그래서인지, 화실에 다니면서 조금씩 음악과 가까워지게 되었다.

7.

9월이 되니 바람이 쌀랑해지고, 지난 가을 서울에 다니던 일이 문득문득 생각난다. 그냥 있기가 답답하여 홍대 미술디자인과에서 주관하는 주부대학 프로그램에 등록을 했다. 유화를 배우기 위해 일주일에 한 번씩 서울을 오르내리며 전시회관람도 하고 막내 학교의 문화 행사에도 나가던 날들. 과천 현대 미술관을 관람을 하고 호수에서 혼자 리프트를 타고 단풍 든 산을 바라보던 고독한 즐거움은 오래 잊지 못할 것 같다. 그때는 몰랐지만, 일 년이 지나고 소슬바람이 불어오니 지난해 이맘때쯤 있었던 일들이 하나씩 하나씩 떠오르기 시작한다. 내년 봄쯤에는 식물원 앞에 있는 '소나무화실'에 나가던 때가 또 그리워지리라.

세월은 흐르고 나이는 들고, 그마저도 하지 않았다면 나는 얼마나 허무했을꼬? 여건은 좋지 않았지만 하고자 하는 '의욕'을 주신 것에 감사하고 그것도 예능 쪽으로 풀어낼 수 있게 하여 주심에 더욱 감사드린다. 주어진 삶을 열심히 살아가리라.

8.

몇 개월 만에 성당에 다녀왔다. 영세를 받은 지는

12년이 되었건만 신자로서의 생활을 성실히 해 왔다고 할 수가 없다. 진심을 다하여 열심히 믿으려고 했어도 마음이 따라주지 않을 때가 많았음을 시인한다. 기도하는 동안에 늘 잡념이 가득 차 왔으며 미사시간에는 꾸벅꾸벅 졸기가 일쑤였다.

날씨도 서늘해지고 오늘은 밀린 교무금도 내고 주일 미사에 참례해야지 하고 왔건만 내가 여태껏 여기까지 오면서 말씀대로 행하였던 게 얼마였을까 싶다. 늘 하고 싶은 것은 딴 것이었으며 항상 방황하는 모습으로 어떻게 기도하고 진심을 다할 것인가. 고백 성사 드릴 때는 지난해 드리던 말씀 거의 그대로다. 참 한심도 하다.

"신부님 저는 올해에도 열심히 성당에 나오지 못했습니다."

"기도하십시오."

우리 가정이 여기까지 올 수 있었던 모든 것들이

주님의 뜻이라 여기며 살았음에도 신앙인으로서의 내 태도는 어정쩡할 뿐이었다. 이건 아니다 싶을 때도 많았다. 이것도 잘 하고 저것도 잘 한다는 것이 가능키나 한 일인가. 뭔가 하나는 뒤에 올수도 있고 또 뭔가 하나는 앞에 올 수도 있는 것을. 다 잘 하기란 여간 힘든 일이 아님을 안다면 좀 더 생각해 볼 일이다.

글로리아 모임도 그렇다. 이것도 저것도 아니라면 왜 고집스레 밀고 나가는가. 명확하지 않은 내 자신이 싫어진다. 양심에 비추어서 이건 아니다 싶을 때는 가만히 손을 놓을 수도 있으련만. 더 깊이 생각해 보자. 어디쯤에 가서야 내가 나를 내려놓을 것인가를.

늘 우수에 잠긴 듯한 잊지 못할 친구 미카엘라 씨는 특유의 경북 말씨로 분위기를 잡아간다. 가끔 다른 사람이 아닌가 싶을 때가 있을 정도다. 유리안나 씨는 진주 태생으로 기품이 있고 멋스런 사람이다. 조곤조곤 얘기 할 때면 덩달아 내가 여유로워지던 그 친구들과 헤어진다는 것도 내겐 슬픈 일일 수밖에. 신앙은 자기가 우러나서 해야 하는 것이지만 그렇지 않을 경우에는 가끔이라도 다니면서 기도하다 보면 어느새 자기도 모르게 젖어든다고도 하였으니.

아직은 내 마음의 결정이 내려지지 않았으니 두고 생각해 볼 일이다. 신앙은 진심이어야 하지 그 이상도 그 이하도 아니어야 하는 것을.

9.

며칠 전 축서암에 다녀왔다. 동성 엄마들 모임에서 축서암 수안 스님께 병풍 작품을 한 점씩 받기로 되어있는데 이번 달이 내 차례였다.

정진 祈禱

큰 고함 소리에도 놀라지 않는
사자와도 같이 당당하게
그물에 걸리지 않는 바람처럼
自由롭게
흙탕물에도 물들지 않는
蓮꽃처럼 초연하게
무소의 뿔처럼 고집스럽게
오직 혼자서 걸어가라.

여덟 폭인데다 햇님 속에 성모님이 웃고 있고 우리 부부와 세 아이들이 어우러져 놀고 있는 모습이 병풍 전면에 그려져 있어 스님의 혜안에 놀랍기도 했다.

10.

시험 칠 날도 얼마 남지 않았다. 승영이가 원서를 사왔다. 시험 일자는 12. 20일. 모든 것은 하늘의 뜻에 맡긴다. 자잘한 일들은 뒤로 미루고 오로지 시험 공부에만 집중하자. 영어는 해도 해도 끝이 없고 디자인 공부는 왜 그리 용어가 복잡한지. 외우고 암기하기도 그리 쉬운 일이 아니다. 내가 힘든 공부를 하면서 그래도 이렇게 공부할 수 있게 도움을 준 친정이 늘 고맙고 내가 공부 하고 싶어 할 때 내 손을 잡아준 남편도 너무 고맙다. 자식 세 명을 모두 서울 신촌에 보내는 것도 버거운데 나까지 공부하겠다는 것이 이루 말할 수 없는 무리였을 때 부모님 모시는 관계로 육남매가 일부 배분을 받게 된 그것이 계기가 되어 많이 늦은 나이에 공부를 하게 된 것이다. 그냥 모든 것에 감사할 뿐이다.

진선자 시·수필집

내 꿈은 파도를 넘어

발행일 2020년 4월 21일

지은이 진선자
발행인 이길안
발행처 세종출판사

주소 부산광역시 중구 흑교로71번길 12 (보수동2가)
전화 051) 463-5898, 253-2213~5
팩스 051) 248-4880
전자우편 sjpl@chol.com
출판등록 제02-01-96

값 12,000원

ISBN 979-11-5979-346-2-03810

이 도서의 국립중앙도서관 출판예정도서목록(cip)은 서지정보유통지원시스템 홈페이지(http://seoji.nl.go.kr)와 국가자료공동목록시스템(http://www.nl.go.kr/kolisnet)에서 이용하실 수 있습니다.(CIP 2020016011)